新视野教师教育丛书·专业养成系列

SMALL GROUP TEACHING
TUTORIALS, SEMINARS AND BEYOND

小组教学
个别指导、研讨会和其他

〔英〕凯特·艾斯里（Kate Exley）
〔英〕瑞格·德内克（Reg Dennick） 著

孔令帅 译

北京大学出版社
PEKING UNIVERSITY PRESS

著作权合同登记号　图字：01-2017-7553

图书在版编目(CIP)数据

小组教学：个别指导、研讨会和其他 /（英）凯特·艾斯里(Kate Exley),（英）瑞格·德内克(Reg Dennick) 著；孔令帅译. —北京：北京大学出版社，2018.4

（新视野教师教育丛书·专业养成系列）

ISBN 978-7-301-29095-8

Ⅰ.①小… Ⅱ.①凯… ②瑞… ③孔… Ⅲ.①教学研究—师资培训—教材 Ⅳ.①G420

中国版本图书馆 CIP 数据核字（2017）第 330886 号

Authorized translation from the English language edition published by Routledge, a member of the Taylor & Francis Group. Entitled Small Group Teaching：Tutorials, Seminars and Beyond, 978-0-415-30717-8 by Kate Exley and Reg Dennick, published by Routledge 2004. All Rights Reserved.

Copies of this book sold without a Taylor & Francis sticker on the cover are unauthorized and illegal.（本书封面贴有 Taylor & Francis 公司防伪标签，无标签者不得销售）

书　　　名	小组教学——个别指导、研讨会和其他 XIAOZU JIAOXUE
著作责任者	（英）凯特·艾斯里(Kate Exley) （英）瑞格·德内克(Reg Dennick) 著 孔令帅　译
责 任 编 辑	巩佳佳
标 准 书 号	ISBN 978-7-301-29095-8
出 版 发 行	北京大学出版社
地　　　址	北京市海淀区成府路 205 号　100871
网　　　址	http://www.pup.cn　新浪微博:@北京大学出版社
电 子 信 箱	zyjy@pup.cn
电　　　话	邮购部 62752015　发行部 62750672　编辑部 62754934
印 刷 者	河北滦县鑫华书刊印刷厂
经 销 者	新华书店
	650 毫米×980 毫米　16 开本　12.5 印张　234 千字 2018 年 4 月第 1 版　2018 年 4 月第 1 次印刷
定　　　价	38.00 元

未经许可，不得以任何方式复制或抄袭本书之部分或全部内容。

版权所有，侵权必究

举报电话：010-62752024　电子信箱：fd@pup.pku.edu.cn

图书如有印装质量问题，请与出版部联系，电话：010-62756370

译丛总序

　　1999年以来,随着我国高校的扩招,各高校的办学规模空前扩大,高校师资的短缺一时成为各高校面临的重要问题。为此,各高校引进了大量的青年教师。与此同时,一些老教师退出教学岗位,使教师队伍进一步年轻化,青年教师已经或即将成为各高校的主力军。1998年,我国普通高校专任教师总数为40.72万人,专任教师在所有教师中的比例占到了39.55%。到了2010年,我国普通高校专任教师总数为134.31万人,专任教师在所有教师中的比例占到了62.28%。可以看到,专任教师增加了93.59万人。在增加的这些专任教师中,大部分为35岁以下的青年教师。5—10年后,这一批青年教师将责无旁贷地挑起教学、科研和管理的重任,成为高校教师队伍的核心力量。一个学校未来几十年的发展,在很大程度上依赖于这一批人。所以,这一部分青年教师的培养和发展问题,是当前我国高校面临的一个现实问题,也是高校能否实现可持续发展的关键所在。

　　为深入贯彻落实《国家中长期教育改革和发展规划纲要(2010—2020年)》和《国务院关于加强教师队伍建设的意见》(国发〔2012〕41号),进一步加强高等学校青年教师队伍建设,教育部、中央组织部、中央宣传部、国家发展和改革委员会、财政部、人力资源和社会保障部等部门于2012年12月联合下发了《关于加强高等学校青年教师队伍建设的意见》(以下简称《意见》)。《意见》指出,高等学校青年教师是高校教师队伍的重要力量,关系着高校发展的未来,关系着人才培养的未来,关系着教育事业的未来。《意见》从提高青年教师思想政治素质和师德水平、健全青年教师选聘和人才储备机制、提升青年教师专业发展能力、完善优秀教师传帮带团队协作机制、造就青年学术英才和学科带头人、优化青年教师成长发展的制度环境、保障青年教师待遇和工作条件、加强青年教师队伍建设的组织领导等方面提出了加强高校青年教师队伍建设的措施。

21世纪以来,很多高校招聘教师的学历标准都是博士或硕士。在普通高校专任教师中,博士研究生和硕士研究生学历的比重由1997年的29%快速上升至2009年的47%,其中博士研究生学历增长了250%。这些充实到高校中的青年教师一般都具备非常深厚的学科专业知识,但是由于太过于钻研本学科知识,很少能够进行教师教育的课程学习,即便有些青年教师学习过教师教育课程,也未必接受过专门的教师职业技能训练,未必能够系统深入地进行教育实习。这使得青年教师进入高校后,在教学上会面临一些问题,不利于他们的发展。而且,随着高等教育的大众化,大学生的学习积极性和自觉性更需要通过青年教师良好的教学能力来得到激发。

对青年教师而言,教师职业生涯的头三年是他们适应工作的关键时期。较其他生涯阶段而言,初任教师面临的挑战更为严峻,产生的挫折感也更多。尤为重要的是,此阶段的经历,会深刻地影响教师今后的专业发展品质,并在很大程度上决定着他们的去留。一系列"现实的冲击"(Reality Shock)更是令处于转型过程中的初任教师不知所措。有关研究发现,由于教育现场与初任教师固有理念之间存在巨大差异,初任教师走上工作岗位之时往往会遭遇到转型的冲击,其中一些教师可能因无法适应而选择离开教学岗位。但也有研究指出,同是初任教师,却有9%~13%的调查对象无论在科研还是在教学方面都有良好的开端,成为"快速启动者"(Quick Starters)。因此,我国政府和高校应寻找有效的初任教师发展策略,帮助其顺利地实现角色转换并成功地开展职业生涯规划,使其成为快速启动者,并最终成为"人文情怀、基础厚实、爱生善教、终身发展"的优秀高校教师。

2013年9月起,作为提升上海市高校教师队伍质量的重要举措之一,上海市教委改变原有新教师入职培训由各高校自主实施的方式,采取统一领导、统一方案、统一要求、全市集中统一培训与学校自主培训相结合的方式,组织了为期三个多月的"上海市属高校新教师岗前培训活动",培训活动由作为专业教师教育机构的华东师范大学、上海师范大学分别组织实施,上海市属高校的所有新教师都要参加。这是上海市第一次大规模、长时间的高校新教师培训活动。在培训方式上,既有讲座、观摩,又有研讨、体验。该培训强调"做中学",要求每一位学员在导师的指导下,完成规范的课程实施大纲、授课教案、教学 PPT、学生评价方案,并且至少讲授一节公开课。导师组对每一位学员的每一个学习环节做出评价,并综合各学习环节的考核结果,选出 10% 的优秀学员予以鼓励。整个培训以学员的教学实践大赛以及学员的大学教师专业发展论坛形式展示成果。在此次培训活动中,提高学员的教学能力是非常重要的一个环节。不过,尽管此次培训取得了较好的效果,但也有一些遗憾,比如缺乏相应的培训教材,特别是在教学能力方面。

在全球性的高等教育大众化、普及化的过程中,特别是 20 世纪 90 年代以来,高校教师教学能力发展也同样成为世界各国高校教师专业发展中的重要内容。一些发达国家,包括美国、英国、日本、澳大利亚、德国等国家都越来越重视高校教师教学能力的发展与提升。目前,国外学者对高校教学已有较多的研究,国内一些学者也已经翻译介绍了一些国外有关著作,如浙江师范大学徐辉教授主编了一套"国外大学教学与教改译丛"(浙江大学出版社,2005 年),涉及大学教学实践和教改研究的方方面面。北京大学出版社 2007 年出版的"北大高等教育文库·教学之道丛书",也翻译了关于大学教学的几本著作,如《如何成为卓越的大学教师》《理解教与学:高校教学策略》《对大学新教员的建议》等。但是,对于教学微观层面的操作,目前国内的相关研究(包括著作和译著)还较少,而微观层面的操作对高校教师的影响会更大。鉴于此,上海师范大学教师专业发展中心决定翻译出版"高校教师教学能力发展译丛"。经过精心挑选,中心首先选择出版《小组教学》(*Small Group Teaching*)、《课程大纲》(*The Course Syllabus*)、《如何做讲座》(*Giving a Lecture*)三本译著,以期能为我国高校教师提供可供操作和借鉴的具体办法。在未来,我们期望能以此为基础,撰写出具有特色的、实用性强的、适应我国高校教师培训的国内教材。

我们真诚地感谢"上海市高峰学科教育学"对本中心的资助,为我们的翻译工作和出版印刷提供了不可或缺的财政支持。我们还要感谢北京大学出版社,你们的大力支持使得本套译丛得以顺利出版,北大出版社各位编辑认真负责的态度令我们感动。

参与这些著作翻译工作的学者都为本中心的教师和博士生。由于我们学识粗浅,兼之时间较紧,因此,尽管我们付出了时间和心血,在翻译过程中仍会有些疏漏之处,恳请读者朋友批评指正。

　　最后,我们真诚希望,该译丛能为我国高校教师教学能力发展提供实际帮助,并使得他们实现良好的专业发展,从而提高我国的高等教育质量。

张民选

上海师范大学国际与比较教育研究院院长

上海师范大学前校长

小组教学

这本不可或缺的教材为高等院校新教师提供了直接、实用的关于小组教学的建议，它同样也是一本穿插有各学科的实践范例和带有一些教育学理论的教材。

本书采用了通俗易读的体式，综合涵盖了以下重要方向：
- 小组教学的根基和动力；
- 有效指导者的角色和技能；
- 经过尝试和测试过的小组教学方法和技能；
- 基于学习、由学生主导以及无指导教师的问题指导；
- 有关融合和无歧视的实践的最新建议；
- 回顾评价标准和方法。

该书为高等院校的新任和兼职教师提供他们所需要的指导和支持，涵盖了一系列教学场景。同样，对于那些需要更新教学方法的教师，本书也是非常重要的读本。

凯特·艾斯里（Kate Exley）是诺丁汉大学的教育和人力发展顾问及导师。

瑞格·德内克（Reg Dennick）是诺丁汉大学医学教育系的助理主任。

高等教育有效教学关键指南系列丛书

凯特·艾斯里(Kate Exley)编辑

这个不可或缺的系列丛书的目标对象是新任教师、有教学课时的研究生、研究生助教、兼职教师，也包括那些正重新审视自身教学技巧的资深教师。

该系列丛书将向高等院校教师提供基于教学角色的、不同方面的、实践的、现实的指导，它的基础不仅仅是该领域的目前研究，同样基于个体研究者的拓展经验，并密切关注所存在的局限和机会。通过为学术和实践搭桥，所有丛书都将提供教学和评估的原创指南，利用来自各学科的短小案例并将其引入现实生活。该系列丛书将：

- 重现最新理念并恰如其分地整合交流信息技术；
- 在学习多样性增加、学生人数增长的大背景下考虑教学的方法和途径；
- 鼓励实践反思和自我评估，以及发展教学和评估技能的方式；
- 如有必要，提供该主题深入工作的链接和参考以及研究证据。

该系列丛书不管用于自学还是作为高等教育教学正式计划的一部分，都将被证实价值是极高的，同时也为继续教育中教学人员的工作提供帮助。

该系列丛书的其他著作：

《评价学生书面作业》
　　——凯斯琳·海内斯(Catherine Haines)

《如何做讲座》
　　——凯特·艾斯里(Kate Exley)和瑞格·德内克(Reg Dennick)

《利用信息技术支持教学》
　　——保罗·钦(Paul Chin)

目　录

表格目录 ………………………………………………（Ⅰ）
前言 ……………………………………………………（Ⅲ）
致谢 ……………………………………………………（Ⅵ）
第一章　小组教学目标 …………………………………（1）
　　什么是小组教学？ ………………………………（1）
　　小组教学的规模 …………………………………（2）
　　为何使用小组教学？ ……………………………（2）
　　小组教学目标 ……………………………………（3）
　　内容和过程 ………………………………………（3）
　　小组教学中的讨论 ………………………………（5）
　　建构主义和主动学习 ……………………………（5）
　　负责 ………………………………………………（6）
　　面向专业实践 ……………………………………（6）
　　技巧的发展 ………………………………………（6）
　　学生支持学生 ……………………………………（8）
　　团队工作和跨学科小组 …………………………（9）
　　监督和管理支持的问题 …………………………（9）
　　不同学科举例 ……………………………………（10）
　　扩展阅读和一个有用的网站 ……………………（11）
第二章　小组教学成功的条件 …………………………（12）
　　导言 ………………………………………………（12）
　　准备 ………………………………………………（12）
　　设定正确的条件：马斯洛需求模型 ……………（14）
　　跟踪：监督进程 …………………………………（21）
　　应对小组形式和小组动态 ………………………（22）

问题小组或失效小组 ································· (24)
　　扩展阅读 ··· (28)
第三章　指导技巧 ·· (29)
　　对于教与学的态度 ··································· (29)
　　教学、学习和指导模型 ······························ (30)
　　小组性质 ··· (32)
　　交流技巧 ··· (34)
　　提问 ··· (35)
　　构建和组织小组教学 ································· (42)
　　扩展阅读 ··· (43)
第四章　与小组学生一起工作：课堂技巧和方法 ···· (45)
　　导言 ··· (45)
　　开始 ··· (46)
　　热身和破冰活动 ······································· (46)
　　对学生有更多的了解 ································· (48)
　　激活小组任务 ··· (50)
　　更多冒险方法 ··· (57)
　　取得反馈：听取学生的意见 ························ (60)
　　不同学科举例 ··· (63)
　　扩展阅读 ··· (65)
　　有用的网址 ·· (65)
第五章　基于问题的学习 ································ (66)
　　导言 ··· (66)
　　什么是基于问题的学习 ······························ (66)
　　基于问题的学习课程如何进行 ···················· (67)
　　基于问题的学习指导会 ······························ (69)
　　基于问题的学习的7个步骤 ························ (69)
　　基于问题的学习方式的教育学合理性 ··········· (73)
　　成人学习 ··· (76)
　　基于问题的学习的指导教师 ························ (76)
　　建设一个基于问题的学习课程 ···················· (77)
　　基于问题的学习有效性的证据 ···················· (78)
　　不同学科举例 ··· (79)
　　扩展阅读 ··· (80)

有用的网址 ………………………………………………（80）
第六章　学生主导的研讨会和无教师的指导会 ……………（81）
　　为什么要让学生主导？ …………………………………（81）
　　学监 ………………………………………………………（82）
　　学生展示和学生主导的研讨会 …………………………（83）
　　鼓励所有学生为学生主导的研讨会做准备 ……………（84）
　　将不展示的人也容纳进来 ………………………………（84）
　　学习交换 …………………………………………………（87）
　　不同学科举例 ……………………………………………（88）
　　扩展阅读 …………………………………………………（91）
　　有用的网址 ………………………………………………（92）
第七章　在小组教学中习得技能 ……………………………（93）
　　导言 ………………………………………………………（93）
　　关键技能 …………………………………………………（93）
　　履职能力 …………………………………………………（94）
　　小组教学如何帮助个体获取关键技能和履职能力 ……（95）
　　教学实践技能 ……………………………………………（95）
　　认知领域 …………………………………………………（96）
　　教授技能的方法 …………………………………………（97）
　　扩展阅读 ………………………………………………（100）
第八章　在小组教学中使用计算机信息技术 ……………（101）
　　导言 ……………………………………………………（101）
　　小组教学的目标 ………………………………………（101）
　　计算机信息技术如何支持小组教学 …………………（102）
　　管理在线讨论 …………………………………………（109）
　　不同学科举例 …………………………………………（112）
　　扩展阅读 ………………………………………………（114）
　　有用的网址 ……………………………………………（115）
第九章　联合组和工作坊 …………………………………（116）
　　导言 ……………………………………………………（116）
　　联合组 …………………………………………………（116）
　　工作坊 …………………………………………………（117）
　　联合组和工作坊设计举例 ……………………………（119）
　　隔离日 …………………………………………………（127）

扩展阅读 ……………………………………………… (128)
第十章 小组教学中学生的多样性 ………………… (129)
  导言 ……………………………………………………… (129)
  支持学生在多学科和混合小组中工作 ………………… (130)
  支持国际学生和母语不是英语的学生 ………………… (132)
  支持成人学生（或进修学生）和新生 ………………… (135)
  支持残疾学生 …………………………………………… (138)
  正面影响 ………………………………………………… (143)
  总结性评价 ……………………………………………… (143)
  扩展阅读 ………………………………………………… (144)
  有用的网址 ……………………………………………… (144)
第十一章 评价小组教学课程中学生的工作 ……… (145)
  导言 ……………………………………………………… (145)
  评价者：教师、同伴和学生本人 ……………………… (146)
  评价小组教学活动中的学生表现 ……………………… (148)
  给予学生反馈：正式评价 ……………………………… (160)
  扩展阅读 ………………………………………………… (166)
  有用的网址 ……………………………………………… (167)
参考书目 …………………………………………………………… (168)
索 引 …………………………………………………………… (176)

表格目录

表

1.1	小组教学的四大类别	2
1.2	小组教学中讨论对关注内容和关注过程的贡献	3
2.1	马斯洛需求模型	15
3.1	指导者模型的维度和模式	34
3.2	不同认知水平的提问	39
3.3	不同小组教学环境下的指导技巧	43
5.1	本科生医学课程基于问题学习的周计划	68
5.2	医学大学生基于问题的学习小组对该场景制定的学习成果目标	72
8.1	学生发展虚拟学习小组工作技巧需要经历的阶段	108
10.1	特定残疾和支持组织信息的额外资源	141
11.1	与小组教学有关的常见评价形式	145
11.2	支持同伴学习时设计评价策略要考虑的六个方面	146
11.3	评价学生课堂展示的评分单举例	153
11.4	学生口头交流技能的评分单举例	154
11.5	同伴评价成绩表举例	156
11.6	贝尔林描述的团队角色及其特征	158
11.7	给学生的反馈表	165
11.8	给予口头报告学生的反馈表	165
11.9	给予学生研讨会主持者或促进者反馈的表格	166

前　言

该系列丛书缘起于帮助高等院校新教师和兼职教师发展他们的教学技巧。然而,资深教师同样能在本书中找到借鉴之处,尤其是有关对深造进修和高等教育的教与学产生影响的现实问题的讨论(比如,扩大参与、残疾法案和教学中通讯与信息技术的整合)。

新教师所在的高校要求他们参与教学发展计划,通常包括参加工作坊,通过小型项目和对他们实践的反馈来调查教学。很多教学项目要求参与者建立他们自身的教学档案并提供他们的发展技巧和理解证据。教学研究通常是教学档案的一个重要方面。新教师需要从大量的文献、研究发现和教学及学习理论中思考适合自己的教学方法。然而,当人们开始他们的教学生涯时,他们会感到一种更紧迫的为未来设计和提供有效教学课程的必要。因此,这个系列的目的在于提供一套拥有强大基础和使用合理性的、完整实用的教学提示和指导。

在很多高校中,兼职教师和临时教师的数量实际上已经超过了全职教师。但是,兼职教师正式培训和发展的条件却更零散和多变。因此,这个复杂群体的教育者备感孤单,并被那些身为全职教师的同事所获得的支持和更新甩在身后。从来没有这么多兼职教师参与过设计和提供课程、对学生的支持和指导,以及学习的评价体系。这个群体包括成千上万作为实验演示者、问题班级导师、项目督导和班主任的研究生,还包括临床医师、律师和贡献自身专业知识和技能的专业人员。他们丰富了很多职业和专业课程学生的学习经验。该群体还包括很多时薪和临时教师,以帮助全职教师应对高等教育和进修教育的扩张和多样的形势。

学校有时很难知道要雇多少名教学的兼职教师,作为同一类群体,临时教师很难顺畅地联系。兼职教师和临时教师也有其他角色和责任,教学是一件小事,却又是他们每天所做的重要的事情。很多兼职教师并不期待承担起全职教师的全面教学任务,他们做些指导或班级教学,却从来不涉及讲座或管理(或者类似的)。因此,该系列丛书提供了关注不同教学角色和活动的简明实用读本,先出的四本书是:

- 《小组教学》;
- 《如何做讲座》;
- 《评价学生书面作业》;
- 《利用信息技术支持教学》。

这些读本都很实用,是建立在教学理论和研究发现基础之上的关于教学技术和方法的详细论述。文章出处、扩展阅读和相关网址一一给出,该领域的人物也有引述并获悉。布朗·乔治教授受任出版一本基于网络的、有关学生学习的指南,读者可以免费获得来配合读本,它提供了所讨论的教学和评估实践的必要基础,在此特别推荐。网址是:www.routledgefalmer.com/series/KGETHE。

非常感谢学习和教学支持网络(LTSN)(这些读本中,LTSN整体贯穿了扩展阅读的资源)。该系列的所有作者都深切感受到提高与其自身所涉足学科有切实关联的兼职教师的教学能力的必要性。在很多基于活动章节的末尾,给出了一些"如何在你的领域发挥作用"的案例。跨学科、跨文化和国籍地分享教学发展的益处,正如高等教育领域的很多问题一样,有共通之处。

基本主题

使用计算机信息技术(C & IT)来丰富学生的学习,帮助教师管理工作是本系列丛书永恒的主题。据我所知,并非所有教师都能够接触到最先进的教学资源和工具。然而,虚拟学习环境的使用、电子学习和视听播放媒体正在大学中变得越来越普及。

对于学生群体数量和性质的转变,该系列同样认同并致力于帮助新教师加以应对。无传统教育背景的学生、国际学生、残疾学生和特殊需要学生正通过政府的扩大参与计划被鼓励继续学习和接受高等教育。该丛书意在为教师了解时下的教学要求和如何教授多种群体学生提供实践指导建议。

这些是我们的目标，我和我的同事作者真诚地希望这些读本能成为高等教育新教师或资深教师的有用的资源。

凯特·艾斯里（Kate Exley）

致　　谢

　　本书的作者非常感谢来自朋友、同事和家庭的支持、投入和鼓励。尤其感谢来自 HEFCE 东南区的顾问以及 LTSN 中心名誉资深顾问理查德·布莱克威尔(Richard Blackwell)。理查德在此书写作和最终定稿期间提供了深刻清晰的见解、批判性的讨论和建设性的反馈。

　　尤其感谢给予有用建议和回复,并告诉我们在广泛学科领域中运用小组教学策略的同事们。这个名单会很长,包括利兹·巴内特(Liz Barnett)、利兹·索科特(Liz Sockett)、凯斯琳·摩尔(Catherine Moore)、沙克·瑟戈尔(Shake Seigel)、韦内·莫干(Wyn Morgan)、斯坦·泰勒(Stan Taylor)、保罗·钦(Paul Chin)、皮特·戴维斯(eter Davies)、朱迪·菲克菲内(Jordi VaquerFane)和李察尔·斯黛摩尔(Rachel Scudamore)。

　　真心感谢 Routledge-Falmer 出版社的阿里森·弗尔(Alison Foyle)和普莱卡·帕斯克(Priyanka Pathak)。他们对于创作和出版过程的了解以及对作者小缺点的理解令他们的帮助和指导无比珍贵。

第一章 小组教学目标

什么是小组教学？

"小组教学"的形式包括高等教育领域的多种多样不同类型的班级组织形式，其中最普通和最常见的是一些研讨会、指导班、工作组以及基于问题的学习会议。此类教学的一般特点就是指导教师与小组学生合作讨论某个确定的话题或问题。

当然，也有其他形式的小组教学，把指导教师放在一个次要的地位，并寻求给学生提供一个模式化的机会来合作学习，包括无指导教师的自我指导、自助小组和行动学习组。

这些小组教学方法要求学生（和指导教师）在同一时间、同一教室列席，也有越来越多致力于使用"虚拟"小组教学方法，使用计算机信息技术将学生聚集在一起，包括使用封闭邮件网络、内网以及国际互联网论坛以使学生和教师远距离互动。该技术表明，讨论可以在更大的时间范围内进行，讨论可以进行几天时间而非短短几分钟。

在这里要提一下最后一种小组教学类别，它模糊了小组教学和大组教学之间的界限，教师可以选择分割一个大组，这样他们实际是在以一系列小组的形式下进行学习，这通常被认为是联合工作，允许教师使用很多小组教学方法，即使班级规模很大也同样奏效。这种方法通常用在问题班级、小组项目工作和实践班级中。表 1.1 归纳了小组教学的四大类别。

表 1.1　小组教学的四大类别

小组教学的类别	小组教学方法的案例	典型学生人数
由指导教师引导的小组教学	指导会	4~12 人
	研讨会	10~25 人
	基于问题的学习小组	8~12 人
由学生主导的小组教学	无指导教师指导	4~8 人
	行动学习组	4~8 人
	自助小组	4~8 人
虚拟小组教学	虚拟指导会	4~12 人
	邮件讨论	4 人以上
大组讨论	联合工作	10~100 人
	问题班级	10~50 人
	小组实践	10~100 人
	工作坊	10~40 人

小组教学的规模

小组教学的规模一般认为是每组 5~8 人为佳,教师领导的指导会形式的小组教学规模为一组 6 个人为最佳(Booth,1996)。当小组成员数低于 5 人时,人际互动的多样性和类型将减少,而如果小组成员数超过了 8 人,某些个人的贡献度又会有所减弱。有关小组教学最佳条件的深入讨论请见第二章。

为何使用小组教学?

小组教学十分昂贵,尤其是在人力资源开销方面,因此它只在高等教育中得到广泛应用。在很多高校中,学生人数的增长速度远远超过了教师队伍的扩大速度。这就给小组教学的实施带来了显而易见的难度,但小组教学在许多高校课程中仍然占有重要和宝贵的地位。本章就来解释这个问题。

［想了解更多小组教学的优势,可以参见本系列丛书的配套网络

指南(https://www.routledge.com/education)中布朗(Brown,2004)的《学生如何学习》(How Students Learn)一文]

小组教学目标

小组教学要比大组教学更容易鼓励学生去交谈、思考和分享。交流是任何一种小组教学的核心,而关键的第一步就是学生有意愿去与教师和其他人沟通。

较好的做法是向学生说明小组教学的核心目标,以及从个人和思维发展的角度去和他人"交流"自己的"想法"的价值。

内容和过程

以下我们介绍"讨论及其他与谈话形式相关的活动对于小组教学课程,不论是基于内容还是基于过程的发展,都十分重要"的观点(见表 1.2)。要记住的是,在小组教学中,目标并非是简单地传输内容,而是在小组状态下处理这些内容。

表 1.2 小组教学中讨论对关注内容和关注过程的贡献

关注过程	关注内容
个人和专业技能	学术和认识技能
交流技能	深度学习
提出	问题解决
倾听	诊断
反馈	理论
提问	评价依据
个人发展	分析/综合
反思性实践	使用学科语言
小组工作	争论
相互合作和学习	为一个观点辩护
	明晰和理解
	探索学科规则

在课上讨论期间,教师可以看到学生使用两套叠加的技能。一套是与生俱来的讨论技巧,包括学生如何与他人交流。我们可以推断,所有学生,不论他们是学什么的,将会在小组教学课上实践这些技巧。另一套则是基于内容的技巧,其更紧密地与所学习的特定学科和所讨论的特定主题相联系,比如深入分析或构建一次辩论。特定的学术技能植入于某个学科的性质之中,以至于其直接构成了该学科的"内涵",比如,医生诊疗、律师为某个观点进行辩护、哲学家发难等。表1.2 意图在这双重的过程和内涵下,找出基于讨论的已经发展成熟的技巧。很明显,其实这并不是一门明确的科学,却可以根据不同发展层次在两方面勾勒出这些技巧。一种基于过程的技巧可能会在应用到更高、更复杂层次的情况下变得更专业化、更注重内容,因为交谈会变成争论,反过来也可以发展演化成批判性的分析。

小组教学的目标描述如下:

- 思维发展:通过讨论阐明概念和理论,理解并接受,并看到内在关系和相互间的联系。
- 思维和专业能力发展:通过思考,采取相应方法来解决问题,例如,分析、评价证据、逻辑分析和综合等方法。
- 交流技巧的发展:通过讨论,锻炼了解释、倾听、提问、演讲、辩解和给予结构性反馈这些能力。
- 个人成长:在个人发展自尊和自信心的过程中,通过参与辩论和讨论,学生可以测试到自己的价值和取向。
- 专业成长:通过与所学学科的教师和同学紧密、专注地交换意见,学生会意识到思考的模式、可接受的标准和该学科或专业的价值和准则。
- 支持自主:通过准备和参与小组教学讨论和活动,学生接受了他们各自对于该进程所负有的责任和其自身的学习方向。
- 小组工作技能的发展:在小组中工作,能带来各种小组管理技能和小组角色的实践,包括成为领导者、组织计划、对别人给予支持和鼓励、设定任务和监控进程的机会。
- 反思实践:通过回顾和反思行动,学生可以从成功和失败中学习,进而发展他们的技巧和理解能力,并且为将来的学习做好规划。

(改编自 Entwistle *et al.*,1992:41)

小组教学中的讨论

如果讲授课堂是以频繁传输信息给被动的接受者为特征,那么相比较之下,小组教学就是积极的人际交流,学习也得益于此。

(Dennick and Exley,1998:6)

小组教学使学习者有机会与其他同学和教师讨论想法和理念。学习者可以从同学和教师提出的问题中得到挑战,从而激发深度思考。小组教学帮助学生拓宽和加深理解,发展专业和关键技能,审视自己的态度、偏见和成见,在知识、技能和观点的学习领域中有着很明确的角色定位。

在学生所选学科的学习中,在如何使用学术或思维技巧,实践和磨炼他们运用、分析、综合和评价的技能方面,小组教学也显得很重要(Bloom,1956,1964)。

建构主义和主动学习

很明显,小组教学的过程能够支持学生以一种"建构性"的方式去学习。"建构主义"(Phillips,2000)的核心观点就是,让学生个人去构建他们自身的知识和理解,而不是简单地学习现成知识。他们所构建的知识将由几方面因素决定,包括他们系统被教授过的知识,他们自身的发现,他们和同学、教师共同分享的知识以及他们的学科文化和他们所处的社会。利用并衔接观点和概念的过程有助于学习的形成(Coles,1991)。类似地,在观点不断讨论和挑战背景下,更有助于形成更"深入"的学习(Atherton,2002)。

[要了解更多有关建构主义和主动学习的信息,请参阅布朗(Brown,2004)的《学生如何学习》]

负责

　　小组教学管理学生自主学习,不是为他们都准备好了,而是他们需要自己去准备,负责自己在课上主导自己的方式。大量小组教学有赖于学生的主动投入,需要他们表达自身的观点并回应别人的想法和观点,所涉及的交流过程是多样和复杂的。学生可能需要商议和辩论,他们可能需要解释他们的立场或提问,他们被要求给出和接受反馈,并发展口头演讲技巧。通过这些过程,学生可以发展对他人观点的尊重和容忍的态度,甚至可以帮助他人学习。

面向专业实践

　　小组教学同样能够引导学习者进入"反思实践",进而促进"专业实践"的发展。该特征由多纳德·舍恩提出。对于学生来说,"行为反馈"的优势在于它们能比简单的,以一种机械性的方式来把控的,先前已掌握的能力更进一步。在应对新问题和新情况时,学生应该能够利用他们的专业知识和技能来选择合适的方法。学生在发展专业实践以及增进变通性和灵活性时,可以在小组教学中获得支持。

技巧的发展

　　当学生参与到小组教学中时,他们便有机会发展他们的交流技巧和小组工作技巧。无论课堂是推理型的还是基于问题型的,学生都需要倾听、解释、提问、回答。在某些课堂中,他们还需要展示他们的工作。在过去,这种技巧的发展被看作是之前讨论过的知识获取和思维技巧获取的附属产物。然而,英国高等教育调查委员会的迪尔英报告(Dearing,1997)建议,关键技能的发展(交流技能、数理、信息技术的使用和学会学习)应该渗透在每一个学位计划之中。迪尔英报告是对很多雇主所持观点回应的一部分。那些观点认为学生没有在课程中被鼓励发展这些技能。普遍的观点认为,新毕业生知道的很多,但是仍旧缺少更有目的性和针对性的训练以使其在工作场所有效工作。迪尔英报告强调其建议是基于提醒关键技能的获取对于生存的必要性,并不仅仅是为了得到工作。事实上,迪尔英报告强烈支持用持续、独立、自主学习的能力来武装学生的观点。与主流观点相一致的是,迪尔英报告提倡终身学习以及专业化更新和发展。

> 那些从高等教育毕业的人将需要了解如何学习以及如何管理他们自身的学习,并认识到该过程将贯穿终身。
>
> (Dearing,1997:134)

报告同样谈及"应完善关于课程计划更细致的描述,这样学生就可以比较不同的课程内容,并根据他们想参与的项目做出更理性的选择。"(Dearing,1997:134)(更多详情请见第七章)。

作为对迪尔英报告建议的回应,英国高等教育质量保证机构(Quality Assurance Agency,QAA)建立了47门学科工作小组,并要求他们对47个不同学科领域的学位计划标准制定基准要求。这份文件在2002年3月完成。基准要求并非主要对课程大纲进行细致规定,而是试图指出一个毕业生应该拥有的思维、专业性的和关键性的技能,在课程设计中给予关键技能一个绝对的、统领的地位。作为质量改革进程的一部分,高等教育质量保证机构同样要求组织机构为所有学士课程做出项目具体规定。项目具体规定应该清楚地提供有关课程的信息,并参照相应学科的基准要求,表明在项目中,学生在何处可学到相应的知识和技能。

在此指导下,当学术和项目领导者开始回顾他们自己的项目和课程时,很多人会认为,要发展这些关键技能,可以使用的最显而易见的教学形式就是小组教学和各种形式的实践以及项目工作。因此,目前很多教师在使用小组教学形式来发展学生的关键技能。关键技能已成为小组教学课的明确学习成果,并得到了越来越广泛的应用。

教师可能需要将此牢记于心,来计划他们的小组课程,并考虑如何以最佳方式在课堂上发展学生的交流技能和开展小组工作。一些小组教学可能同样需要评价手段,比如,分数可能按照对课堂讨论、小组工作或演讲技巧的贡献度来进行分配(更多信息请见第十一章)。

学生支持学生

来自于小组教学的一个真切的好处就是学生被极力鼓励相互学习以及向教师学习。事实上,在一些小组教学课程中,教师可能并非总是在场。学生可以被要求分享他们的观点,并帮助同伴理解复杂的理论或解释。这就要求一定程度的合作和自由交流,而这在其他形式的教学中却通常很少见。教师的角色由信息给予者转变为学习的促进者和指导者。学生的角色同样由被教授者变为学习者和帮助同伴学习者。但是随之而来的是责任,有些学生无疑一定会比其他学生做得更好。教师可能需要检查一下学生传达的信息是否恰当和准确(根据题目和学科)。教师可能同样需要强调学生指出的要点的重要性,因为他们的同伴可能不会马上认为同伴所做的贡献比教师做得大。比如,如果一节课包括学生主导的讨论或学生演讲,教师可能需要在课程结束时进行总结和归纳,以确保所有人都获悉了关键要点。

如果小组教学活动包括互相指导、小组管理项目或任务,以及自我监督和互相监督,那么,参与的学生经常思考的内容往往会超出他们已知和被教授的知识。这种元认知学习可以带来更深入和持久的理解,因此,对于有能力的学生帮助在能力和经验上逊于自己的同伴学习方面,小组教学确实是大有裨益的。

> 如果我要教某部分内容,我就得真正理解它。
>
> (化学学科研究生教师)

学生从同学那里获得学习上的帮助,其益处是显而易见的。早在1990年,挪威的卑尔根(Bergen)大学就进行了一项有趣的致力于改善学生学习的调查。一些学生在第一学年末接受了额外的训练,一些是以教师引导的形式,另一些是由二年级学生引导的学习小组的形式。两种形式的人群在年末与未参与任何额外训练的第三组学生进行了一次事先未准备的笔试评估。和未经过训练的第三组相比,两个经过训练的组之间的差异十分显著。由教师引导的小组在这次笔试中只取得了少量进步,而学生引导学习的小组不仅没通过考试的人数少了很多(6.5%未通过,未参与组的情况是23%),而且取得"非常好"成绩学生的比重上升到48%（未参与组的比重是26%）(Raaheim,1991)。

　　至于为什么会出现如此戏剧性的结果,原因也不是很清楚。可能是学生引导能更好地触及帮助的层面,或者学生更喜欢与同伴而不是教师交流和提问。这个调查提供了学生引导学生有效性的证据。

　　同样,能够认识到其实绝大多数学生乐于参与合作性学习和各种形式的小组工作是很重要的。当小组计划运行时,也常常听到其他教师抱怨,学生在准备工作上面花费了太多时间,而相对牺牲了其他课程的时间。如果学生有意愿学习,并投入这个过程中,他们就有很大可能迎合或超越他们教师的期待。

团队工作和跨学科小组

　　在要求学生一起工作和合组学习中,我们所做的不仅仅是要求他们分享观点和交换意见。我们要求他们学会如何妥善对待别人的信仰和文化。我们请他们从不同角度来寻找课题,并开拓他们的思维和个人的眼界。这个可以被看作是小组教学的一个独立的目标,毕业生将来可以胜任跨学科小组工作。比如,医药和工程课在混合小组教学和基于问题的学习的相互融合方面做出了巨大努力。在医药学中,小组可能包括医学、护理学、理疗学等。要解决的问题可以从一个整体视角,以为病人推行整合治疗的形式,而不是孤立地按照每个专业人员的角色来分工。在工程学中,机械工程师有可能被要求与电机工程师和土木工程师在小组中合作完成"真实世界"的项目。

　　无疑,每门学科都有其独特的语言、文化和做事的方式(Becher,1989),为了学习如何跨学科有效工作,学生需要共同工作的机会,否则当他们将来加入混合工作组中时,他们将发现自己没有优势。

监督和管理支持的问题

　　对于学生来说,很难在小组教学课上隐藏或被忽略掉。因此对于教师来说,这就变成了非正式监督过程的机会,并且在问题凸显之前就能将其进行定位。很多教师被要求保有一份简单的到场登记,因为长久以来都知道那些不来的人更有可能无法通过单元测试或课程。学生不来上课的原因就如同他们自身一样多种多样,而在实践中小组教学教师可能更倾向于去找出缺席的背后原因。指导有时候可能会被认为,除了已经讨论过的学术作用外,还有精神指导的作用。在这种环境下,教师寻求发展与学生建立持久的关系,有可能会跨越他们大学的整个生涯。教师经常承担某些指导职能,如交流考试结果和给予学生反馈。教师可能也参与到对个人发展档案袋的使用中来。个人发展档案袋是由学生自己享有的,是用于记录和证明学生学术、个人和专业发展的文件夹。很多部门使用他们的指导系统来支持学生理解和使用他们的个人发展档案袋。

在小组教学课上,要检测和回应个体差异和需求是有可能的。一个学生可能有某种缺陷,最常见的就是聋哑、视力障碍和发音障碍。《特殊教育需要和残疾法案》(SENDA, 2001)授予教师和大学明确的责任就是要采取正面和预先的措施以便他们不会对有残疾的学生区别对待。在小组教学背景下,教师可以考虑到学生的差异,在教学、学习和评价活动中细致地覆盖到该做什么样的"合理调整"来确保课堂上的公平(更多信息请见第十章)。

教师在小组教学课上常常扮演着顾问或建议者的角色。由于学生和教师已经建立了一定水平的关系和信任,在问题发生时,教师往往会成为学生第一时间的求助者。教师可以提供学术问题的建议,倾听个体的问题以及向他们推荐高校中有专业知识的人以便于学生获得更多帮助。因此,通过小组教学,个人和专业的关系可以得到发展,而这又给予学生持续性支持。关键的是教师和学生面对面接触极可能都发生在小组教学课上,而这对于在多数大学中的学习是至关重要的。

不同学科举例

教师被要求简要总结他们对于"你的学科中小组教学的目标是什么?"的观点,并试图捕捉到在他们各自的学科中,小组教学想要获得的成效的相关信息。

历史

- 对于一个主题进行深度探究。
- 学会如何做学术讨论。
- 相信没有绝对的"对与错",更崇尚解读证据。

物理

- 寻求超过一种方法来解决一个问题。
- 向学生提供个人反馈和帮助。
- 鼓励学生去实践——你不得不通过在物理中操作来学习它。

医药

- 我们需要学生自己去思考,而不是消化课本。
- 学生应知道该如何去自己发现新事物,并更新知识。
- 交流技巧同样非常重要。

法律

- 学生需要为上课做好准备,他们需要做阅读功课,以便能带着敏感性和相应的知识去进行讨论。
- 学生要辩论、讨论并且学习如何穿插他们的要点。
- 如果学生不理解,如需要更多信息,他们可以提问。

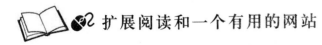 扩展阅读和一个有用的网站

要了解更多关于"学生如何学习"的理论和模型,请参考由乔治·布朗(George Brown,2004)特别为繁忙的新任教师准备的该系列丛书的在线指南,网络链接地址为:https://www.routledge.com/deucation。

第二章 小组教学成功的条件

导言

正如第一章所讨论的,实现小组教学的目标有众多的教育益处,所以很有必要确保为实现目标的每一项努力都符合所需要的正确条件。很明显,有效技能很重要,但这些内容将会放在第三章详细讨论。在这里,我们将关注能让小组达到最佳效果的实践性、组织性和交互性条件。如果这些条件被满足,一个有效的小组将产生,并能实现深入学习。

准备

在教学中,准备至关重要。小组教学中出现的很多问题可以因良好准备和预见而得以避免。了解自己的小组并熟悉自己的课程,本该是很常规的事情,但来自学生的反馈报告指出,询问学生"你是谁?我们准备做什么?"的小组教学的教师的数量并不少。

了解你的课程

高校教师应充分意识到他的学生要进行的总体课程,该问题应通过良好的课程协调得以解决。随着模块化的进展,学生可以通过多渠道学习一门学位课程,并因此而获得丰富的学习体验。即便在一个模块或课程内,多位教师之间的交流也可能会有些问题。因此,小组教学推动者该知道如何将课堂更好地切入到大的课程体系中,这是十分重要的。

了解你的小组

师生关系以及学生间关系的发展对于成功小组教学至关重要,因此,小组教学推动者要设法搞清自己的学生是谁,尤其是在第一次见面的时候。例如,最好有一份学生名单,知道他们都上什么课,他们是哪个年级的。有了这些信息,就能确保对他们各自的背景、知识和经历有一个印象。显然,随着小组的启动和进展,可以获取更多的信息。但是,让学生知道从最开始你就知道他们是谁,将会极大地促进你们之后相互间的关系和互动程度。

结构学习

所有的学习内容都应该为有效性而构建,即便是具有开放性质的小组教学也该有个好的组织结构。按照常规的结构,开始是建立起学习结构,中间是处理结构内容,结尾是总结结构结果。学习结构包括介绍、预热、破冰、背景规则的建立以及学习成果;结构内容包括所有的小组教学活动;结构结果包括达成的结论和综述。

拥有目标和成果

在拥有详细定义的计划细则和具有一定结构排序的高等教育课程中,所有的学习形式,如讲座、研讨会、实践课、自学和小组教学,都应该是相互适应、彼此契合的一个整体,它们应该被植入学习成果的模板之中(Brown,2004)。如果不同的学习方法可以有效满足不同学成果的需要,那么适合小组教学的学习成果又是哪种呢?小组教学的形式是如此多变,因此,原则上可用于达成所有学习领域的学习成果。正如第一章所述,小组教学的长远目标就是发展深度理解、人际关系和实践技能以及态度的改善。这些领域的成果明显更适合小组教学方式。尽管在小组教学课上会要求有具体的知识,但是这不应成为课程的基本核心。而另一方面,应用、运用和深化具体知识则是理想的、适合小组教学的核心。

因此,指导者应该在开课前对适合小组教学课程的学习成果有一个开放的想法。这些或多或少可以被规划或者可以随着课程进度而得以发展。另外,随着简短的讨论,小组可以形成成果,并且在某些情况下有可能成为课程的核心。

资源

很多小组教学课程可以不借助除参与者自身知识和技能之外的任何资源,而一些课程可能会要求借助特殊资源来加强和提升学习体验,因此要求必须提前有所准备。小组教学课程种类如此繁多,因此,对潜在的、所要求的资源类型也是无穷无尽的,如书籍、工作表、传单册、信件、笔、幻灯片、蓝色胶贴、图钉、活动板等。

像参考书这样的资源能确保当下讨论的素材准确又与时俱进。在很多情况下,很少有观点支持在关键素材没有建立和达成的情况下允许开展富有挑战性的讨论(而在小组教学的条件下,该"规则"可被打破,因为第一阶段的目标就是建立一系列学习成果:见第五章)。

如果小组教学课程被用于介绍和练习实践技能,那么很明显得有一系列设备供学生使用。

设定正确的条件:马斯洛需求模型

如果参与者身心舒悦,在空间和短时内能够有恰当合适的组织安排,就可以达到小组教学的最佳状态。目前能有效考量这些条件的一个模型是马斯洛需求模型,它可以应用于任何形式的教学和人际交往中,尤其适用于有效的小组教学(Maslow,1968)(见表 2.1)。

表 2.1 马斯洛需求模型

需求模型	对于指导者和小组教学的提示
自我实现需求	采取激发、支持、鼓励、积极和乐观的方式鼓励个人成长
自尊需求:自豪感、成就感、自我主宰	鼓励独立,表扬优秀行为,欢迎新观点,尊重学生,乐观而又乐于帮助学生
社会需求:被接受、被关爱、有归属感	指导者应关注参与者。鼓励小组内部相互作用并紧密联系。采取适当热身活动并建立共同合作的任务
安全和防护需求:免于受伤、安全、稳定、有秩序和组织	身心舒适,减少焦虑,尊重个人隐私并保持信任,公平对待学生,保证准确的信息,遵守安全规则
身心需求:食物、住所和舒适	确保房间够大,通风,温度合适。确保椅子舒适,参与者需要餐饮以及必要的间歇休息时间

马斯洛需求模型表明,只有模型中下层的需求得以充分满足,上层的需求才能得到良性发展。

物理条件

小组规模

如果小组教学目标之一是让大家讨论,那么很明显,参与讨论的人员数量将影响每个参与者取得成果的程度。两个人可以清楚地获得公平的讨论,但是他们的谈话内容仅限于他们自身的知识和经验。增加参与人数将为讨论增添多样性,并可使个人在各种观点中进行多样化选择,而这些观点很有可能是他们之前从未考虑过的。但是,如果小组成员数量超过一定界限,个人贡献度将减少,有些人会感到他们无法参与到讨论中,要等到以后才有机会。因此,小组规模必须能够使知识、经验、观点的种类以及个人发言的机会最大化。有证据表明,一般小组规模应在 5~8 人。当然,如有适当的配备、有经验的教师和学生,数量还可以增加(Jaques,2000)。小组教学可以成为较大教学环境中的一部分,因此大型组可以拆分为若干小组,之后又可以恢复为大型组,比如,工作坊。

小组安排

对参与者进行外部安排将同样影响到他们之间的相互作用,从而实现小组教学目标。参与者进入教室,想坐哪儿坐哪儿。然而,除非他们经历过小组教学,否则不太可能把自己调适到最佳状态。当然,即便他们坐下了,他们也可以通过得到合理敏锐的指点而重新安排,但最好能避免此种情况,而是事先组织好教室的座位。

在课程教学中,座位的排定方式给学习者传达了一个很强的信息。传统讲座剧场或研究室让教师处在平行座椅的头几排,所有教师都很熟悉来自学生自发的这种安排方式。大部分学生试图从最后几排开始往前坐以避免与教师互动或被监视,而前排则经常被一些最勤勉的学生占据,抑或是那些不幸迟到的人。这种靠前和直线式的安排发出的信息就是教与学是个"传输"过程。而在小组教学中,这种直线排的数量要远远少得多,却有同样的自发性。根据小组教学目标,要让所有学生参与,因此指导者必须要避免的事就是允许学生坐在最后以回避小组或与教师互动。避免此种情况发生的最佳安排就是在开始时安排环形或半环形座位(Jaques, 2000; Quinn, 2000; Elwyn *et al.*, 2001)。环形或半环形座位还有一个优点,就是可以确保所有参与者相互间或与教师之间可视并保持眼神交流。如果小组教学放在一个稍大点的房间中,那可以有别的安排,比如,4个人的坐成2排,彼此面对面,可初步达到同样的目的。另外,教师最好在学生到来之前就在现场安排好座位,从而将学生引入座位,避免后面再动。在更大的组中,教师可移走座位,这样学生站在小组群中,也可积极参与讨论。

指导者定位

学生若是被安排成环形或半环形座位,那么,指导教师坐哪呢?我们将在第三章讨论有关指导教师的技能和态度,但也正如小组的配置一样,指导教师处于小组的位置能提供重要的指导性信息。如果指导教师站在前排或靠前的位置,那么课程将由指导教师主导,小组教学模式则退化成为传达模式。另一方面,如果指导教师与小组成员坐在一起,作为圈子的一部分,有时使用活动图板或黑板,或让学生写点什么，那么指导教师更容易建立起小组互动，从而鼓励小组成员间的讨论和人际沟通。因此，无论何时，只要有可能，就加入到这个圈中来吧。

房间大小

很显然，房间的大小要能够容纳小组看书、写字、进行图板互动或容纳其他必要的设备。如果可以选择，小房间更适合小组，但有时则有必要把多样化的小组教学课程放在大点的房间，更有甚者可以使用一览无余的讲座剧场。这时，环形小组的优势变得明显。在此情况下，由于小组成员形成了一个紧密的整体，因此能够专注于他们的任务，而不必太在意外部干扰。这样，有时成百上千的学生就可以分成上百的小组，从而稳步地实现小组教学的大多数目标，而这只需要适当地指导和组织就够了。

人际沟通条件

不像讲座时众多的学生数量阻碍了学生和演讲者的互动，小组教学是由谈话、辩论、讨论和争论所驱动。而且，学生需要在这些活动中感到自然、轻松。如果他们觉得不适，他们会拒绝参与甚至刻意敌对。这时，指导教师的个人沟通交流技能就会发挥重要作用，他们得为小组教学创建良好的背景环境。第一印象决定一切，如果指导教师从一开始就以正确的方式开展小组教学活动，那么，很多可能出现的问题将得以避免。相反，如果这方面努力较少，那么，小组从一开始就可能面临运转不畅的问题。在下面的部分，让我们了解一下需要在小组教学课程中早期执行的一系列活动，以便为此创造正确的条件和深度学习的良好环境。当然，这些需求能多大程度上被满足还取决于小组中成员和指导教师相互间的熟悉程度。如果是一个新建立的小组，这种要求则是强制性的，而已经有过合作经验的小组可以免除一些这方面的要求。

热身、介绍和破冰

当小组成员第一次会面时，由于文化背景不同，他们有意或下意识地去认清每个人，如谁是负责人，哪些人比较凶悍，哪些人比较友好，哪些人很有趣等。在此过程中，他们会度过一个焦虑期。由于人们的自信心、性格内向或外向等方面各不相同，有的人高谈阔论、提问、倾听、回答别人的话；也有的人只是观察别人的行为和肢体语言。随着小组成员逐步互相认识，这个过程也缩短了。但是对于新的小组或差异很大的多种专业的混合小组来说，这个过程将是他们第一次会面非常重要的特征。

小组教学的一个主要目标是鼓励大家交谈，确保每位参与者都会有所贡献。好的指导教师应该从一开始就能帮助小组成员减少焦虑感，并激发他们最大程度的自信心，进而确保友好的人际关系基础。打个比方，一旦学生坐下来了，教师就可以说：

欢迎大家来到今天有关 X、Y、Z 的课程。在我们一起进入课程主题之前，我们还是一个新的小组，我想我们可以花几分钟的时间让大家相互介绍一下，这样可以减少大家对于将来的焦虑感，从而使我们的合作轻松起来。

但是，有些人会因被要求在一群不认识的人面前公开讲话而产生更大的焦虑。这就是为什么教师要为这类活动建立一些联系和框架的原因，设定好时间（短短几分钟），在此过程中不必要求详细的个人论述。大多数小组成员都不介意说出自己的名字、学历或者来自于哪里。然而，要让他们的压力小些，教师可以要求学生相互自我介绍，通过他们相互交谈来打破和缓和僵硬的局面（特别的方法介绍请见第四章）。当然，指导教师也应参与其中，可以坐下来跟一个没有搭档的学生交谈，也可以向两个人的小组介绍自己。让学生带名牌或许是个好主意，这样小组成员就可以相互知悉对方的名字。就此引开，各种有助于预热气氛和打破僵局的活动都可以根据指导教师的目的和对小组凝聚力的期待程度而去设定。

鼓励成员自我介绍或者让他们参与到更为精心策划的破冰活动的过程，能够在一定程度上减少最初的焦虑感，并让他们相互之间感到自然、轻松。可能还是会有人认为那是浪费时间，"为什么不能泰然处之？"我们以后会予以讨论。

基本规则：转化性的技能成果

在进入小组教学实质性内容之前，有必要为小组建立好基本规则。这些规则对于一个新的小组或要指导数周或数月的小组来说是很重要的。基本规则的形成为接下来所有小组工作的持续进行提供了定位和合理框架。原则上，指导者可以提出一套现成的基本规则，但是为了更加民主，让学生参与基本规则的设计则会体现出对小组的尊重。同时，他们需要指导。指导者对于其他小组使用过的基本规则的了解将会十分有用。

然而，就像小组教学中会产生的其他问题一样，有关基本规则的考量必须得有敏锐和深思熟虑的态度。最佳建议就是要结合总体目标和小组教学成果。在详述课程的目标和成果前，与小组进行讨论，对小组教学的主要特征——转化技能成果十分有用（见第一章）。表1.2将其列出，有必要让小组关注这些。与此同时，要在每门课的特定目标要求中强调这些内容。同样重要的是，学生需要一系列人际交流技巧目标。如果学生理解这一点，那么他们可能自发去思考创建哪种类型的基本规则可以达到预期成果。

以下是有关基本规则的建议，可以选择其中一些成为小组教学的框架：

- 在讨论中，所有学生应尽可能地贡献自己的想法和意见。
- 尊重别人的观点。
- 不要打断别人的讲话。
- 不要控制讨论，让别人有发表意见的机会。
- 评价别人的言论时不要进行人身攻击。
- 聆听别人的话语。
- 不存在"愚蠢"的问题。
- 保持小组讨论的私密性。
- 保证课程目标和结果。
- 对特殊任务保持持续关注。
- 成员应负有达成小组目标的责任。
- 同样要做好在小组外所进行的准备工作。
- 小组成员接受基本规则。

目标和结果

关于在拓展和实施课程构架中要明晰目标和结果的重要性，之前已经提到了。正如第一章曾讨论过的，小组教学的主要目标之一就是"深度学习"，这意味着学生应能够应用、实践、运用所学知识。小组教学为学生提供机会来分析他们所拥有的知识，提出有挑战性的问题，评价他们创造的意义。因此，大多数小组教学形式下的目标和结果通常放在更为高端的认知和态度上。某些形式的小组教学同样会应对有关精神领域或实践技能的要求(见第七章)。

除非目标和结果有待商议,指导教师应十分明确这些目标和结果及其应该如何与课程总体特征保持相适应。如果它们还没在课程文件上公布出来,指导教师应在课程开始阶段,抽个时间与学生交流一下相关情况。小组成员对于这些目标和结果的接受将使它们成为小组教学的核心。

激活先前的学习

然而,目标和结果并不只是凭空地出现在小组成员面前,它们应随着课程内容的深入和开展而逐步地被揭示出来。尽管课程的主题在早些时候被提到过,学生也大致知道所涉及的领域,但通过简要回顾先前的工作,并提出几个简单的问题来建立他们对先前知识的理解是很受用的。有关提问的技巧会简单在第三章中提及,通过利用非常简单的闭合性问题,在课程开始时对于先前知识进行回顾,将鼓励学生踊跃回答问题。而对于更复杂的开放性问题,可以放在以后再提。在"激活先前的学习"基础之上,有关小组教学课程的详细内容将被引入。最后,特定目标和结果将被推出并加以阐释。

有时候学生会自发地做一些工作,从而获得相关的学习成果。这也是小组教学的一项基本特征(第五章讨论),但是它可能会发生在小组教学更为传统的方式之中。事实上,与学生讨论他们从小组教学课上可能获得的成果通常是十分有用的(基本规则可能也规定学生可以贡献他们的学习成果)。在某些情况下,学生所产生的学习成果可能与课程的总体要求不一致,但指导教师也许会认为他们所做的是有用的贡献,并准备好了去应对它们。有时候学生会在课程中得到更为深入的学习成果,而指导者这时应该尽可能地去包容和接纳它们。

任务说明

经过导言,课程内容被展现出来,学生也清楚地了解了目标和成果。下一步就是各种活动,从一个简单的讨论到一个完整的工作坊,形成了小组教学的多种多样的活动(见第四章)。在这一点上,阐明剩余课程的架构和组织,"明示"将要进行的各种活动、大致发生的时间以及任何其他与课程相关的信息则是有用的。在此之后,小组焦点的变化逐步分散开来,同样需要指导教师进行有效的管理。重点必须放在那些清晰的而不是模棱两可的指示上,这样小组成员都可以理解,因为通常在这时,问题被第一次提出来。如果成员被赋予个人或小组需要完成的任务,就很有必要让他们准确地知道要做什么事,需要多少时间,完成之后又该做什么,如何获得帮助等。有很多人在被给予提示时不集中注意力,而老是期待别组成员告诉他们该做什么。依照任务的复杂程度、种类以及小组成员的数目,通过清晰的口头解释,一般可能就足够了,但是如果将这些内容放在活动板上或以纸张形式发出去,则通常可以更好地避免混淆和误解。

跟踪:监督进程

一旦小组建立起来并开始运转,指导教师需要关注小组成员并确保他们在执行任务,在向目标和成果迈进。指导教师可能会主动参与,比如,开展一次小组讨论,指导教师可能是其中一员,也可能在向小组成员提出要完成的特定任务后,仅仅在一边观察。在所有情形下,指导教师需要监控并记录该过程,关注小组主动性,清楚课程总体构架和时间安排。指导教师需要特殊的技能来处理这些问题(见第三章)。以下建议针对的是小组教学运转的有效性条件的维持。

时间和时间管理

有效的时间安排对于小组教学至关重要。这是因为小组教学更为开放的结构使得时间管理本身变得更加困难。比如,讨论可能要比预想更久些,而指导教师又不方便打断参与者,尤其在讨论一个有趣或相关的论点时;又或者产生了新的、不期而遇的问题要进行回应时。遵守总的时间安排,并确保讨论、提问和活动保持在特定的时限内,不仅能确保课程得到有效组织,而且能确保目标和结果的达成。好的时间管理和组织还能激发参与者的自信心,从而转化为良好的小组驱动力。对于一个学生来说,没有比以下这些更让人感到无聊的课程了:完成任务的时间或太长或太短;不同活动的界限不清晰或者趋同;整个课程时间的设定不当或随意。

提问

尽管不同形式的提问和指导教师的提问技巧会在第三章中进行更详尽的讨论,但是利用提问来对小组讨论进程进行监控是十分必要的。正如先前所述,在课程刚开始时,对于提问的使用有助于建立和激活之前的学习,而不同形式的提问又会对小组动态产生不小的影响。而在之后的课程中,提问可以观察参与者是否完成了特定的任务,或是否在一个合适的层面上讨论问题并达到了所要求的学习成果。如果小组教学的目标是深度学习,那么,这一阶段的问题目标应集中在鼓励参与者进行深度思考,问题焦点应放在分析、应用、评价和问题的解决上。最后,在课程结束时,提问可以用来观察小组是否完成了他们的任务,并达成了学习成果。

记录成果和进展

在某些情形下,有必要记录下小组教学课程的进展和成果。例如,在一场"头脑风暴"活动中,创意需要被记录下来,用于接下来的分析和作为优选项目;在讨论中,意见和提问可能也要被记录下来;而在结尾时,记下小组结论也是很有用的。类似的记录可由学生记录在笔记本上或分发的纸册上,或者由指导教师记录在活动板或投影仪上。

应对小组形式和小组动态

完美的小组很清楚该做什么,并能够合作达成共同的深度学习目标。他们经指导教师安排预热活动,确保小组成员进行过自我介绍,他们也制定了基本规则,清楚地意识到课程大纲和目标,他们对于所进行的小组活动感觉良好,理解清晰,小组成员致力于深度讨论或承担具有挑战性的任务,从而有利于达到知识和经验的极致。指导教师通过监控进程、提出恰当的问题和进行专业化的时间管理来确保跟上进度。最后,在结束时所有的成果都得到了总结。这种理想的状态在实践中很难达成,但是却应成为每一个优秀小组教学指导教师的目标所在。

然而,其中还存在着很多不同类型的小组和数不尽的活动及互动形式。接下来的部分将探究以上所讨论过的:各种情况下的观点是如何应用在不同环境背景下而成为有效小组教学必不可少的条件的。同样也看一下小组教学功能丧失的原因和解决该问题的方法。

"临时"小组

在"临时"小组中,学生不必事先认识彼此及指导教师,他们有可能在此次活动后不会再见面,问题的关键变为让参与者活跃起来并鼓励他们相互交谈。因此,强调的重点应放在减少焦虑的措施(友好介绍、破冰活动、无威胁提问)上,来激活先前的学习,以及清晰不含糊的指示和目标。由于小组成员可能在以后的阶段不再见面,节省花在建立基本规则上的时间,并尽可能地去推荐一个公认的设定规则,就变得很有必要了。简单地进行导言和背景铺垫后,课程的余下部分就可以照常进行了。

"常规"小组

一个常规小组,比如一个学期中每周会面一次,可以获得更多的学习成果。其主要优势在于小组成员间相互了解并能通过增进小组互动来改善合作。这有利于处理更为复杂的问题和进行更多种类的活动。经过导言,在第一次会面中就已破冰并建立了基本规则,这些活动在之后阶段则可以大大减少,于是就有更多时间去处理实质性内容了。常规性的会面意味着可以给予参与者机会去准备每堂课程所需的任务或展示,这对于学生主导的研讨会来说是个不错的环境(第六章中会涉及)。每周在小组中轮换特定职责同样能给予参与者机会去尝试并发展有用的技能,例如,小组领导、记录总结进程、主持讨论、进行简单展示和演示实用程序。

经过一段更长时间的观察能让指导教师看到小组成员的成长、他们的个人技巧及思想深度、在某些方面的长处和短处以及态度和成果的发展程度。小组成员从指导教师那儿得到的敏锐的、针对个人的反馈能加强所有这些方面的发展。

常规小组可能的劣势在于一些小组成员可能会反向发展互动关

系，因此可能会阻碍合作，更有甚者会直接发生冲突。然而，正如以后要讨论的，一个好的指导教师将会注意到这些苗头的发展态势，并期望能避免其发生或尽量减小其对小组能动性的影响。

有时一个常规小组的成员关系可能发生改变，既可能由于疾病或缺席，又可能由于有新成员的出现。新成员应该尽快地完全融入小组中以保持小组的紧密度。要做的特别尝试是确保新成员被有效引入，并使其与现有小组成员保持紧密的关系。让他们相互认识的一种有效方法就是让新成员轮流与现有小组成员搭档。

混合小组

不像别的小组成员来自同一专业、同一年级，混合小组的成员组成可能大不相同。例如，成员可能来自不同专业（比如医学和护理学），或者同一专业不同年级，又或者是职员、学生和行政人员。高等教育的模块化让各种背景和不同学位的学生共同致力于完成相同模块的学习，因此，混合小组的产生也很常见。要帮助这样的小组有效运行，重点应放在小组介绍、热身和建立相互联系上。然而，对于一个混合小组来说，最重要的事是从一开始就公开大家认识上的差异并强调由此而产生的优势。因此，如果指导教师意识到小组成员背景和经历上的差异（这一点在自我介绍环节中不难发现），他们就可以从小组所进行的不同类型的讨论和任务中去进行正面构建。学生互相分享学习经验，并一同发掘他们所拥有的不同知识基础，能促进更有效的学习。有关小组教学多样性的处理将在第十章作详细介绍。

问题小组或失效小组

小组的失效可能有很多原因，有可能源于薄弱的指导和组织，或是小组成员的个人表现。不论如何，预防总比补救好。指导教师使用的最佳办法就是尽可能去关注准备、成果、热身、监督小组能动性和进程，从而在第一时间避免失效的发生。接下来我们就来讨论失效小组的案例以及一些如何避免失效的建议。

失效的组织

如果指导教师不关注建设、组织和监控,小组就有可能发生失效。小组成员由于缺乏充分的介绍或破冰活动,并未能正确地形成其角色,他们会感到焦虑和不安。小组成员可能勉强地交谈或参与小组活动;他们也可能会对将他们置于不适境地的指导教师怀有抵触心理。同样,给小组布置错误定义的、不恰当的、不相关联的或无法企及的任务同样会导致问题发生。活动应该适合小组成员的水平,应经过清晰的解释,并且能够在课堂上完成。指导教师应提前检查这些活动是否过于复杂从而导致无法在既定时间内顺利完成,或者可以选择那些不是太烦琐而需要花一定时间的活动。指导教师的技能在有效小组形成的进程中扮演着重要角色(这一点在第三章会进一步提及)。然而,即便有好的指导,小组还是会有新的问题产生,在下面部分会继续讨论。

应对小组冲突

以各种方式存在的冲突是很多小组教学中一个很重要的特征。尽管不同的人对此处冲突的定义会有各种不同的见解。大部分小组教学是要鼓励人们提出自己的观点和意见,并致力于辩论和争议。这将不可避免地导致一些小组成员挑战别人的假设和信念,从而导致直接冲突甚至敌对的情况。然而,这就是我们要求的辩论水准,因为小组教学的一个目标就是鼓励参与者走出表层,去找到他信奉自己做法的原因。"认知不调"这个术语用于描述当人面对一个不符合他的认知框架的概念、想法或事实时的情形(Festinger, 1957)。这是痛苦和焦虑的,然而同时也是最具力量的学习体验。学生一旦解决了该冲突,就可以构建出更深层的理解(Kolb, 1984)。如果指导教师在介绍环节就能说明异议和冲突可能会发生,而参与者要与此相伴,这可以使小组成员对工作达到更深入的理解。把这一点讲清楚了,就有可能会达成一个正面的成果。这条基本规则提醒参与者,可以攻击别人的意见,但最好不要去攻击别人的人格,这样才可能避免敌对的发生。

指导教师需要监控冲突到达了什么程度。每个指导教师应对处理此类问题都有不同的限定尺度。指导教师需要弄清楚是什么导致

了冲突,是概念、意见、事实,还是信仰的差异;冲突是严重的,还是微不足道的;是否能解决它;冲突是否是由不同的个性或学习方式引起的;指导教师可否重新描述引起冲突的问题,这样参与者可以看到该问题的起因,比如,有可能是他们没意识到的一些假设条件。通过敏锐地观察小组教学辩论,指导教师应该能够避免"正常"的争论和探讨转变为公开敌对以及合作学习的崩溃。

应对主导小组的成员

新任指导教师问的最常见的一个问题是:"针对小组中一个成员操控了整个讨论而又阻止他人充分参与的情况,我该如何应对?"正如前面所谈及的,最佳方案就是通过充分介绍、预热和大家对基本规则的认同,在第一时间避免此种情况的发生。然而,即便指导教师尽力了,此类问题还是可能发生,这就需要相应策略加以应对。要时刻提醒参与者,小组的基本规则是有效的,再加上一个温和的评价:"约翰,谢谢你的回答,但我相信每个人都想说,那你先等一下,让我们听听简怎么说。"说出名字很重要,这样就可以邀请其他人加入到讨论中来。还有一个可供选择的方法就是小组成员轮流发表意见,这样每个人都会有所贡献。将大组拆成小组或两人一组,这使得个体间可以充分交流,从而避免被一个人操控,根据小组活动的环境情况,在适当的时候,在相应的小组成员的耳边给一个轻声的提示就足够了。如果你发现了一个以上的操控成员,就试图把他们编为一组,至少他们中有一个该知道如何保持安静。

如果操控行为依旧持续,并且干扰了小组目标的实现,那就需要采取进一步的行动。指导教师应该说服小组同意,一旦个体对小组贡献超出需要范围,大家就安静一会儿。这种互相关注的压力会比来自指导教师的请求更有效。除此之外,指导教师有责任"为大多数人的利益谋最大福利",因此可能需要被迫请出操控成员。当然,要在同"不守规矩的人"商量,并解释过小组合作重要性和需要遵守基本规则以达成小组目标之后,才可以这么做。

应对不积极的小组成员

指导教师面临的另外一个普遍问题是:过于安静的小组,其成员对于参与活动勉为其难。此时最重要的事就是预热小组，并上演破冰行动，才能让小组成员之间相互感到适应。然而，问题可能出在乏味琐碎或过于庞大复杂的目标上，所以要确保小组所进行的活动具有相关性和重要性。与此同时，要让小组成员也能意识到这一点。

应对不参与的成员

要找出不参与的成员可能得花点时间，但指导教师从最初就该对此进行关注。由于小组教学的目标之一是发展人际沟通技能，不参与是不应该的，因此在讨论基本规则的时候就要对参与者进行说明。在开始阶段或开始阶段的任何时候，让小组成员两人组对讨论问题，可以为之后更进一步的讨论埋下伏笔。然而，不参与者可能很羞涩和焦虑，也对小组教学活动身感不适。指导教师应该敏锐诊断出该情形，与此同时，保持小组活动的持续进展。指导教师可以简单地询问个人的名字："简，你的观点是什么？"接下来问一些更清晰的问题，将她带回讨论，这样或许是有效果的。

应对持批判态度的小组成员

有些参与者，特别是那些倾向于被动学习的人，觉得小组教学很成问题。他们认为小组教学过于"感性"，把重点放在讨论上就是浪费时间。他们满足于形式化和浅层的学习，他们只要知道答案，他们缺少对学习过程的重要性以及通过交谈、合作和提问来发展人际和团队技能以及深度学习可能性的理解。

这个问题会成为对小组教学的干扰，而解决这个事项，实际上是一个学生定位元认识和发展适当的学习方法的问题。在小组教学开始阶段就应向学生说明小组教学的重要性。另外，指导教师应该在介绍阶段着重强调专注于过程的重要性。对于持批判态度参与者所做的贡献能够给予正面反馈，尤其强调他们的知识对小组其他成员的重要性，这么做能把他们在小组教学阶段时心中的障碍移除。

 扩展阅读

[1] Elwyn, G. , Greenhalgh, T. and Macfarlane, F. (2001) *Groups: A Guide to Small Group Work in Healthcare, Management, Education and Research* ,London: Radcliffe Medical Press.

[2] Jaques, D. (2000) *Learning in Groups: A Handbook for Improving Group Work*, 3rd edn, London: Kogan Page.

[3] Westberg, J. and Jason, H. (1996) *Fostering Learning in Small Groups: A Practical Guide*, New York: Springer.

第三章 指导技巧

对于教与学的态度

在这一章,我们将探讨指导教师在小组教学中的关键角色,尤其是他们应有的对于教与学的态度,以及有效运作小组所必需的个人沟通和提问技巧。

如果小组教学的一个重要目标是鼓励参与者交谈、辩论、提问并致力于深层的学习活动,那么,指导教师必须在教与学方面用自己的态度来鼓励小组成员。

虽然传统观点认为教师是传递信息、演示和讲座、控制和组织大部分消极学习的人。但是,现代教育体系已经更多地从"以教师为中心"的方式转向"以学生为中心"的方式。在此,学习者的需求和他/她现有的知识和技能将以一种积极、合作和民主的方式被构建。在这样的体系中,教师变成了一个帮助学生学习,并帮助学生成为为自己成长和发展负责的人的指导者。这是每个成功的小组教学指导者应该具备的态度。

对于一些教师来说,放弃他们"传播者"的角色,而采取一种更倾向于以学习者为中心的方式可能非常难。这可能意味着放弃提供信息,不再告诉学生事实,以及不再成为随后的知识和权力的中心。

拒绝教授法就是拒绝教学本身。

(Chris Woodhead)

对于其他一些教师来说,这是一种自由的解放,并强化了他们早已经知道的一些东西:学生的最佳学习状态就是他们能对自己的学习把握和负责。

当我开始相信学生——我由一名教师变成了学习的指导者。

(Carl Rogers 1983:26)

由于有各种形式的小组教学,从由学生主导的研讨会到基于学习的、对问题的自由讨论,因此,指导者可以采取各种定位和措施。要实现成功指导,指导教师必须能在一系列适应小组成员关系和课程总体目标的方式中找到一个恰当的位置来定位自身。另外,他们必须根据特定群体不断变化的目标和动力,足够灵活地在这些方式中游走。

教学、学习和指导模型

其实有很多能帮助指导教师发展适当的角色态度的教学模型。这些模型同样能整体应用于教育、人际关系、谈判、夸赞和其他各种人际关系情形,但它们特别适用于小组教学。有两种相关类型:第一,自我实现理论和以学生为中心模式,此模式必然关联到学习者的天性和指导教师对其产生的感同身受和尊重的态度;第二,小组动态理论能帮助指导教师应对小组的整体行为和小组成员间的人际互动。

学习者的天性

认识论是哲学的一个分支,它的基本问题是关于人类认知的状态。我们如何获得"真正的"的知识?我们是否生来就有认知和一种"人类天性"?或者是否我们每个人生下来都是白板,然后由经历来书写人生?我们的大脑该有多么多变和灵活呢?天性和后天培养哪个对我们的成长更重要呢?这些问题被匹克(Pinker,2002)重新审视,他挑战"白板"说,并加入了复杂人性的私有属性。从教育的角度来看,对这些问题的回应,对于我们如何构建教育组织有着非常大的作用。更为重要的是,作为教师和指导者,我们该如何与学习者互动。比如,如果我们认为学习者是白板,我们可能觉得我们可以如我们所愿地去塑造和操纵他们,并植入我们觉得合适的任何知识。

如果给我一个孩子的最初七年,我会让你看到什么是人性。

(Jesuit 语录)

另一方面,如果学习者存在某种"天性",如果认知有其多年进化的基础性因素,那么指导者需要意识到并与人性本质一起工作以达成最佳效果。

自我实现

马斯洛(Maslow,1954)提出一个重要的解释:人类行为的动力因素就是"尽其所能地改变自己的需求",即自我实现。正如之前所提及的,每个人都有一系列的需要,范围从基础生理需求到被爱、被尊重,再到最后的自我实现。对于指导者来说,这将产生一个基本常识,就是身体舒适感和减轻焦虑能有效促进小组教学(见表 2.1)。

卡尔·罗格斯(Carl Rogers)是自我实现构想论的支持者,他发展了源于个体心理疗法,以便能够应对可形成教育有效性的人际关系的最佳模式。他的著作《80 年代的自由学习》(Rogers,1983)对于成人教育实践有很大的影响。

罗格斯的关键原则就是个人有对于他自身潜在成就自我实现的意愿。他有一个独特的自我概念,需要正确自我认识,并且应该有信心去自我实现。对于教师和指导者的提示就是,学生需要个人尊重,并需要那些与他互动的人展示出一种正面的信任态度、天赋禀性和感同身受。罗格斯强调,教学和指导最重要的还是一种人际关系。

更多的提示是指导者应该创造一种信任的氛围,使学生的好奇心和内在学习渴望能够得以培养并得到强化。学生应被允许参与决定有关他们学习的事,指导教师应该帮助学生建立自信、自重并鼓励他们对自己学习的内容负责,从而成为终身学习者。上述这些可以被看作是重要的贡献,以及指导者要想成功运行小组所需持有的态度。

以学生为中心的学习

这个重要的教育学理念基于很多现代教育实践,可以追溯至 18—19 世纪的很多思想家,像卢梭(Rousseau,1762)和福禄贝尔(Froebel,

1886)。然而,最清晰地表达了此概念的是美国哲学家约翰·杜威(John D,1916)。他坚称教育过程必须以学习者的兴趣作为出发点,并在此基础上发展,必须同时包含思考和活动;教师应该是指导者和合作者的角色,而不是那个布置苛刻的学习任务的人;教育的目的应该是个人的成长。这些想法与早先描述的自我实现是极为一致的,并可认为其引导出了小组教学中指导者的一些特定模式。

同样,支持以学生为核心理念的现代哲学强调将学习者自身认识框架作为构建他们更高认识和理解的平台的重要性。著名学者奥苏贝尔(Ausubel)的名言——"学习者已知的东西才是影响学习的最重要因素,先了解它,然后再由此施教"(Ausubel,1968),可以被看作学习建构观点的基本原则。普遍的建议是,如果是新任教师,他们应"从孩子的起点出发",这是记住这个重要理念的简单方法。

成人学习

教育理念和实践经常是由儿童的需求来主导的,"教育学"一词来自希腊语"儿童指导"(Paidagogia),经常被用于形容教与学的原生术语。诺尔斯(Knowles,1990)定义了"成人教育学"(字面意思是"成人指导",来代指此种类型的教与学)。成人学习在很多方面不同于儿童。他们的需求与动机是不同的,他们的学习被赋予了更成熟的期望值。无疑,成人的思考方式跟儿童很不一样,重要的是他们有更多生活经验可以用来参与讨论、做出决定或得出结论。指导者需要意识到他们正面对的是独立成人,而不是不能自主的儿童。

小组性质

在探讨与小组教学指导者态度相关的个人天性的某些特征后,我们将考虑小组性质以及指导者对小组可能持有的态度。

库特·莱文(Kurt Lewin)是此问题的重要作者之一,针对小组中的指导者行为,可在从合作到独裁这一连续难度上引出三个宽泛的概念:独裁、民主、不干涉主义(Lewin,1952)。独裁的指导者基本上控制小组所有目标和活动,并继续干涉确保它们的执行。不干涉主义指导者则走向了另一个极端,允许小组决定目标、活动,在课程中投入得最少。在这两个极端之间,民主指导者与小组合作,帮助他们确定一系列目标和活动,只是以正面的方式在小组缺乏动力时加以干涉。在研究领导方法的基础上,莱文发现,小组教学在民主方式下能够运作得最好。

然而,让指导者意识到他们可以根据不同情况选择其中任何一种角色是很重要的,哪怕是在同一堂课上。

约翰·海伦(John Heron)对于理解小组教学结构和动态的指导者模型做出了重要贡献,他提出的指导者模型有六个维度(Heron,1989)。据此,指导者须意识到影响学习进度的基本问题或维度包括以下内容:计划、意义、应对、感受、结构和价值。这些维度被看作是独立进程而且经常发生在小组教学各个阶段。每个维度都会有一个核心问题和一个"谁来决定政策"的计划。

- 对于计划维度来说,关键问题是:小组的目标是什么?小组成员如何达到他们的目的?
- 意义维度关注小组经验和行动被赋予了怎样的意义。它关系到理解程度和小组成员对于他们自身的经历如何感受。
- 应对维度关注指导者如何应对抵制、逃避任务的小组成员,以及如何提高小组的觉悟。
- 感受维度关注如何把控好小组成员的感受。
- 结构维度则围绕着讨论类型、指导者提供的各种形式的活动,以及小组的学习经验如何被建立起来而展开。
- 价值维度关注个人的自主想法和需求如何被了解和支持。

对于指导者来说,一个关键问题是谁来决定每个维度的内容,是指导者?还是小组?还是两者相结合?该问题的答案可以和莱文的三种指导模式结合起来:

- 独裁:完全受指导者控制;
- 合作:与小组分权;
- 自主:小组做决定。

这产生了一个有18种可能性搭配的指导者模型的维度和模式(如表3.1所示)。指导者可以从中做出选择,以促成更有效的小组教学。

表 3.1　指导者模型的维度和模式

指导模式	计划	意义	应对	感受	结构	价值
独裁						
合作						
自主						

海伦总结指出,最有效的指导者态度应该分别是自主、合作以及独裁。按这个顺序可以认识到,小组成员从自主出发,通过与他人的合作和指导者对小组目标的担责,从而达到自我实现的过程。

交流技巧

有效倾听、回复、解释、提问的能力是小组教学指导者应掌握的一系列关键交流技巧的一部分,提问的重要性将在后续研究中详述。

有效倾听

倾听不仅是利用有感官功能的听觉系统接收听到的话,同时还应该加入思考和集中观察,并通过主动推进确保所有信息都被接收到,同时,还应使发言者意识到他的话已被接收。

小组教学指导者应掌握很多有效倾听的技巧。比如,与说话者眼神交流,通过恰当的肢体语言(如点头、口头同意等)表示理解他说的话,这些技巧对于有效倾听是十分重要的。如果提了问题,在倾听时却又注意力不集中,表现出对别人的回答无兴趣,这是不应该的。在倾听时,能使指导者表现出更进一步总结或改述别人的话就是"那你说的是……",这就是我们经常说的"反馈"。

回复和解释

这两种交流技巧可以被同时处理,因为它们经常是重叠的。指导者回应学生的评价、提问、建议时,应表现出对他们的尊重、理解和感同身受。如果需要做出解释,就应该使用学生听得懂的语言和概念。

如有必要,指导者可以通过提问来向学生澄清,并在一定层面上运用恰当的例子和类比给出解释,还可以提出更多的问题来确保学生能够完全理解。

提问

教师提出的问题可能会造成死气沉沉或是激励人心的不同学习环境。

(Carin and Sund,1971:23)

如果主动学习是高等教育的思维一个特征的话,那么,使用提问和提问技巧就是最简单的主动学习技能。当学生听到一个问题时,他们需要思考一下,至于回不回答则是另一回事。

我有六个最忠实的仆人,
他们教会了我所有我所知道的。
他们的名字分别是:是什么、为什么、什么时候、怎样、什么地方和谁。

(Rudyard Kipling,1912:43)

提问在小组教学中的功能

提问及其方式在小组教学中拥有广泛功能,并涵盖以下过程:
- 激发兴趣;
- 激活先前学习;
- 诊断优势和劣势;
- 检查进展和理解;
- 评价成果;
- 通过鼓励参与和讨论来提高小组活力;
- 鼓励深度思考和主动学习;
- 回顾与归纳。

激发兴趣

在小组课程刚开始时便提出问题可有效地激发小组成员的学习兴趣和动力,像一些大的问题,如"你知道英国国家健康局预算的多大比例用于多尿症及其并发症吗?"可以作为一个引言促成整场讨论。在稍作考虑并得到一些回答后,令人大跌眼镜的正确答案(15%)可以极有效地提升小组成员对接下来的内容的相关性和重要性的认识。每门学科都应备有它自身的一套"引言"问题。

激活先前的学习

采用建构性的、以学生为中心的教学方法表明,在小组课程开始时运用提问可有效地评价学生的背景知识、态度,并可激活他们的先前学习。与先前学习相关的所有问题都应在小组课程开始时提出,这对于小组教学特别重要,因为小组教学的目标就是要鼓励学生讨论和交谈。

诊断优势、劣势,检查进展和理解并评价成果

通过激活先前学习的知识而得到个人的反馈后,对学生背景知识的评价可用于找出小组学习所涉及内容的优势和劣势。如果某些知识被检查出学生掌握的是有欠缺的,而对于之后的讨论活动又是必要的,那么指导者恐怕不得不带领学生简要回顾和总结一下要点。当然,如果感觉小组成员知识丰富,要实践的认识水平就可以适当提高一个层次。很明显,更进一步的问题可以在课程中用于诊断小组进展程度和理解水平。最后,课程结束时的提问可用于评价小组达到预期学习目标的程度。

通过鼓励参与和讨论来控制小组积极性

小组教学中提问的最重要的一个目标在于通过鼓励参与和讨论来提高小组学习效能。要记住小组教学的最原始目标就是鼓励成员交谈,如果达不到这一点,其他目标就很难达到。但是,问题太过分会导致参与者回避,因此,认真思考该提什么类型的问题以及提出的方式是必要的。这就是为什么指导者必须要意识到不同问题类型及什么时间去使用这些问题。

为了激活先前的学习,简单地回忆知识型的问题是不错的选择,

越简单越好。经过介绍和破冰，提出学生应该知道答案的问题更有可能鼓励他们回应和参与。通过逐步引入更深入的问题，学生会更愿意回应，但如果早一些提出较深入的问题，他们则可能会茫然。

鼓励深度思考和主动学习

指导者应该了解多种认知层面的问题，以及如何恰当使用它们来鼓励学生深度思考。如果致力于高水平的问题，分析和评价应该成为提问目标。

回顾和总结

尽管指导者总会组织小组成员回顾过程并总结关键学习目标，但还是需要一种有效的技巧去询问小组成员切身感受到的成就。指导者可以在小组中到处转转，问问小组成员自我感觉学到了什么，或取得了怎样的成就，这将能够帮助小组活动达到预期的活动效果。

问题的分类

问题及提问技巧可被分为以下几类：
- 闭合型问题；
- 开放型问题；
- 针对不同学习等级和层次的问题；
- 探究型问题。

以下是问题分类的详细说明。

闭合型问题

闭合型问题也被称为收敛型问题，此类问题涉及的事项是由事实信息归于或收敛为的确定答案。闭合型问题要求学习者命名或辨别一个事物或概念，界定或陈述原理或规则的定义，或者比较两个及以上的过程和系统。这些问题的答案或对或错，事实上，很多闭合型问题仅让学习者回答对或错。闭合型问题位于认识等级中的最低层次，只涉及简单回忆和理解。思考形式和口头回答则唤起记忆、描述、解释、比较和例证。这个层级的学习者可能被要求解释或例证关键概念，以此作为证实他们已经理解相关知识的一种方法。

在小组教学开始阶段，闭合型问题对于建立和激活先前所学是有用的。因为它们易于回答,因此在为学习者热身方面要比复杂的开放型问题更有用。

闭合型问题举例:

- 那块骨头叫什么名字?
- 请说出热力学的第二定律。
- 谁发展了辩证唯物主义哲学?
- 解释……如何……
- 请比较关于……的两种重要方法。

开放型问题

在大多数情况下,开放型问题可能有几个答案或者没有固定答案。它们可能要求学习者表明或捍卫某个特定的行为过程或道德立场,也可能要求学习者运用他们的已有知识来应对新的或具有创新性的局面;也可能要求学习者利用证据来做出评判;还可能要求学习者给出精心思考后的答案,一般不是通过简单回忆事实信息来回答。开放型问题可以激发深度思考,处于认识等级的较高层级。它们包括:在新局面中解决问题、分析复杂概念、创新性地推测、计划和基于证据所进行的决策。

尽管一个"大"的、开放型的、雄辩的问题通常是小组教学初期的一个有用的引导,但从提问机制上看,在小组热身之后才更适合提这种开放型问题。在讨论课程初期,提开放型问题可能给人一种难以把持的感觉,还会妨碍学生的积极参与。

开放型问题举例:

- 如何证明堕胎是所有女性的权利?
- 基于怎样的假设可使后现代主义者在思考中摒弃客观真相?
- 如何在所有公共场所中都使吸烟变得不合法?

一般情况下,闭合型问题用于认识等级的较低层,而开放型问题则用于较高层。然而,学习者给出的答案受其基本胜任力和经验的影响。有时候,有经验、有学识的学习者对待开放型问题如同对待闭合型问题一样,在这种情况下,要求学习者做一个复杂的判断或对证据进行评价,可能会导致他们简单地回忆起基于先前所学知识和经验的一个先入为主的答案。

针对不同学习等级和层次的问题

表3.2的左栏显示的布鲁姆(Bloom)提出的认知水平的六个等级,对认知水平的这种划分不但有利于发展课程学习目标,而且可被用于建立不同水平的问题,尤其是为思考问题提供合理框架。

我们可以看出,表3.2中不同层次的问题将使学生以不同的方式思考,从简单回忆到运用,再到解决问题和评价。所有的小组教学指导者需要意识到推动学习者达到他们认识极限的重要性,在这方面,有提问的意识是很重要的。

表3.2 不同认知水平的提问

认知水平	提问类型	举例
评价	提问包括基于标准、尺度、规则进行判断或评价证据(解决问题)	评判、辩护、评价证据、纠正
综合	提问目的在于创立新思维、新概念或新计划(解决问题)	创立、推测、设计、计划
分析	提问目的在于分析假设、原因或证据(解决问题)	假设是什么?证据是什么?两者如何结合?
运用	提问目的在于在新情况或新问题中运用或使用知识	你该如何?在这种情况下你会怎么做?
理解	提问目的在于重述或解释现存知识	比较、对照、解释、区别
了解	提问目的在于回忆事实性信息	那个叫什么?定义、描述、举例,列出一些原因

探究型问题

尽管小组教学指导者可能计划在课程的不同节点上使用特定类型的问题,但在某些情况下仍需追加一些问题,来鼓励学习者说明或精心准备他们原有的答案。这些探究型问题和问题系列针对不同认知层级的开放型或闭合型问题。它们可以促使指导者确保知识得以深入理解或诊断发生的误解并采取适当措施。在个别学习者出现无回应、回答正确、回答不充分或回答不正确的情况之后,都可以提出这样一系列问题。探究型问题可以被归纳为以下几种:

- 提示型;
- 证明型;
- 说明型;

- 拓展型；
- 重新定向型。

提示型问题

提示型问题用于学习者不回答或给出不正确或不完整的回答时。该问题可能包含提示或线索，是一个向正确答案的"推进"，有望引导学生做出必要的反应，比如："什么也想不起来了吗？记得上节课我们讨论有关第一次世界大战的原因……"或者"不，肺水肿与左心房相联系，那么右心房是什么问题？"或者"那几乎对了，但是社会成本呢？"

证明型问题

证明型问题用于当学习者做出了正确的回答却未解释他（或她）为什么这样选择证明的方式可以推动学习者抵达他理解力的极限，并且也可以成为找出学习者优势和劣势的好办法。例如："好吧，那么是史前生物的哪一支分类呢？"或者"好的，但是证据是什么？"或者"但是，为什么说这么做很重要？"

说明型问题

如果一个学生对于所提问题给了一个很差或不完整的回答，说明型问题就是必要的了。学生被要求重述或精心准备回答直到让指导者感到满意。比如，"那么，请解释下在实践中这个代表什么意思？"或者"你能再具体点吗？"或者"你能重述下那种非技术性语言吗？"

拓展型问题

浅层理解常常依赖上下文，而深度理解被证实可使学习者在不同或新情况中运用所学知识。通过利用拓展型问题，让学习者将思考延伸或安排到新情境，这样他们就会被鼓励进行深度思考，而他们的回答也体现了他们理解的深度。比如："如果婴儿早熟，你如何改变诊疗方法？"或者"你可以从乔伊斯（Joyce）著作中给我找些案例吗？"或者"如果你的税款减少了三分之一，你的优势何在？"

重新定向型问题

重新定向只是向不同学生问及类似的开放型问题以便搜集多种多样的答案，可增强参与性。

提问程序

无知和自私的教师给年轻的心灵带来的羞耻感的精神压抑难以磨灭,并对其之后的人生产生恶劣的影响。

(Albert Einstein in Calaprice,2000:69)

指导者不但要有问题分类的良好常识,而且要意识到,提问过程本身对于学习者的行为的影响是重大的。正如前面提到的,不同类型问题可以激起小组成员对教学进程中不同结点的反馈,可以用来给学生热身。

指导者对于提问和回答的态度对于形成小组内的正确的提问机制至关重要。正如之前讨论过的,罗格斯、莱文、马斯洛和海伦提出的思路和框架,是很重要的。综合他们工作的结论得出,指导者应形成互信合作的气氛,学生才会感到乐于提问和回答,他们才会大胆地暴露其知识薄弱之处,不怕被讥讽或嘲笑。这种氛围是指导者需要控制的责任所在,像预热小组、设定背景规则、监控和参与过程这些条件在第二章已经讨论过了,但是指导者应察觉到在某些情形下学生因提问所产生的焦虑和障碍。另起一段的提问方式对于是否有回应及回应质量有很大影响。尽管在讨论和辩论中,很多问题会被提及,指导者应该努力确保他们的问题清晰、不模棱两可。问题不该太长或有太多小问题及小附加条件,它们应着眼于事实、想法、概念或当时的问题。学生应被给予充分的思考时间(至少 5 秒以上),通过重述问题或即兴提问以对前面的内容加以反应。有必要告诉学生他们有充足的时间来思考答案。有资料显示(Carin and Sund,1971),如果指导者提问后留下较多的时间,学生更愿意回应或回答一些更长、更精心思考的答案。

指导者如何回应答案不仅对回答的学生极为重要,也向组内其他学生传达了一种信息,就如同他们的回答会得到怎样的对待一样。指导者应在倾听学生回答时运用主动倾听技巧,等到回答完毕后,根据回答内容给予适当的回应。如果答案是对的,要告之,并以一种正面和支持的方式回应。然而,如果回答不正确或不完整,就可以使用一些探究性提问(之前讨论过),指导者绝不该用一种否定、讽刺或人身攻击的语言,这无助于提高学生的自我认定和自信心,也妨碍了小组中其他成员的参与。

小组教学提问推荐方法小结

- 通过适当破冰和预热活动,确保学习者在提问中感到自然,愿意暴露他们知识的薄弱之处。
- 在课程开始阶段使用闭合问题来督促监控预习,并预热小组。
- 在高层次思考时,尽量使用开放型问题。
- 在插入更多问题前,给予学生充足的思考时间。
- 对于沉默和不正确的回答,使用提示性问题。
- 不要对学生使用挖苦讽刺的回应。
- 对于正确的回答,给予正面支持的回应。

构建和组织小组教学

像任何一个好教师一样,小组教学指导者应该有构建和组织起小组教学学习活动的技能。他们应意识到破冰、热身和建立联系的重要性。他们应该在鉴定内容纲要、组织活动、管理时间和结束收尾活动中有一定技巧,尤其应该对小组教学方法和技能有丰富的知识(见第四章)。很多技巧可以在实践中学习并随时间逐渐发展起来,当然,培训项目也该对高校教师开放,以促使他们学习并实施这些重要技能。

管理和控制

指导者有责任管理和控制小组工作有效开展,尽管该工作本身常常呈现出开放和无结构的特征。指导者应该从一开始,在介绍和设定基本规则时,清楚地说明课程的目标和对象、重点的活动、特定结构和必须完成的规定时限。小组应被告知,他们需要交流、讨论、辩论来完成任务,但这些活动有时限,指导者有权打断讨论和活动,以使小组工作持续进行并最后达成目标。在很多方面,指导者充当着在独裁和等级制与允许自主和不干预态度之间的平衡角色。他们是掌控小组自由的"主宰者"。

结束

所有教学的共有的重要环节就是收尾,比如成果小结出来了,结论得以强调,学习者会有种成就感,这在小组教学中尤为重要。结束也需要一定时间,指导者应有时间安排和控制技巧以确保小组教学活动顺利结束。小组教学中有很多方法可以收尾。指导者可以在脑子里或在活动板上记下关键点和需要做出的结论。这些可以使用合适的媒介在结束时呈现出来。可以选择小组中的一个成员来完成这个任务,如果有数次活动的话,可以轮流。一种有用的技巧是请小组成员自己总结所有关键要点,这一点可以在课程结束时作为一项特别小组活动,可以使用各种小组教学技巧(见表3.3)(比如金字塔式)或可以选择开展一次简单的讨论来确保所有小组成员都有机会参与。

表3.3 不同小组教学环境下的指导技巧

小组教学课程类型	对主要指导者技能要求
小组讨论	建立目标和产生学习成果,热身/破冰,提问,监控/时间安排,总结
小组活动	在"小组讨论"内容基础上增加明确指示、适当的资源及管理任务变化
工作坊	在"小组讨论"内容基础上增加计划和组织,从一项活动转移到另一项活动,应有资源和明确的指示
学生主导讨论会	指导基本规则,认定主题,获得资源,明确指示,反馈
基于问题的学习	见第五章

扩展阅读

[1] Elwyn,G., Greenhalgh, T. and Macfarlane, F.(2001) *Groups: A Guide to Small Group Work in Healthcare, Management, Education and Research*, London: Radcliffe Medical Press.

[2] Jaques,D.(2000)*Learning in Group: A Handbook for Improving Group Work*, 3rd edn, London: Kogan Page.

[3] Quinn, F. M. (2000) *Principles and Practice of Nurse Education*, Cheltenham: Nelson Thornes.

[4] Westberg, J. and Jason, H. (1996) *Fostering Learning in Small Groups: A Practical Guide*, New York: Springer.

第四章 与小组学生一起工作：课堂技巧和方法

导言

本章我们将展示介绍和评价一系列小组管理和指导方法的有效性，意在教给大家如何与小组学生一起工作。指导教师可以根据自己喜欢的风格、小组教学背景、特定目标、课程的学习成果和自己的学科文化，从众多教学技巧中选择自己觉得合适的。

在引入一种新的教学方法时，一定要关注到学生和同事的期待。如果希望学生以一种新的方式工作，你可能需要向其进行解释。如果你在你们部门使用一种不同寻常的教学方法，你可能需要向你的同事解释自己的选择。由于教学意向与学习成果和课程评价相联系而成为一个敏感事项，因此，要好好思考选择特定教学方法的原因。

同样重要的是，要考虑到将来小组里的学生。你是否知道某些学生的特别教育需求可能会影响到他全力参与到课程中来的能力？《特殊教育需要和残疾人法案》自2002年9月1日起生效，该法案要求教师主动寻求方法来满足学生的需求，并做出合理的调整，以改善教与学，并使所有人都能有效地学习。

为了确保残疾学生能够充分参与，教师需要考虑课程的环境、构建和传播的方式，以及课程本身的内容。通过询问残疾学生本人获取相关建议或许更有用，因为他们最了解自己。

开始

在第二章,我们讨论了试着去建立一个舒适的学习环境,并花时间帮助小组成员相互了解的原因。教师可以通过不同方式来开始介绍和开展破冰活动,可以邀请每位学生轮流作自我介绍,也可以问他们一些特别的问题。例如,"请问你能告诉我你的名字、你的学位计划以及选择这个模块的其中一个原因吗?"有的学生觉得很紧张,而有的学生则能十分大方地为大家讲述一个生活故事。教师可以用同样的方式介绍自己,表达自己的期望,并定下自己期望从学生那得到的信息的水平和深度。每人大概也就需要30秒钟,你可以估算一下,这样介绍一圈下来所需要的时间。

如果小组活动时间短、小组人多,教师可以先自我介绍,然后邀请每位学生向小组中的另外两名学生介绍自己。如果某位学生羞于讨论他自己,教师可以让他向坐在旁边的学生介绍自己,并将他的"成员"介绍给小组。

热身和破冰活动

你可能希望多做些能帮助小组成员相互增进了解的事,并希望通过特别的活动设计来鼓励他们互动,从而建立小组成员的融洽关系,并帮助消除新建小组内部的焦虑和尴尬。

如果公开讨论将很快进行,热身和破冰活动是很重要的。当陌生的小组成员第一次聚在一起时,大家不可避免地会有一定的焦虑感,有的人可能因以前有不幸的热身或破冰练习经历,而产生了高度"畏惧"。此时,指导教师的责任所在便是通过利用小组现有的恰当活动,以一种无威胁的、祛除尴尬的方式来减少这些问题。当然,指导教师同样需要考虑破冰活动的时间限制。

有些人认为热身和破冰活动是有一定区别的。然而,它们之间是有很大程度的重叠部分,并被认为是一系列从简单介绍到合作和同步的过程活动。它们通常出现在小组形成之初、课程刚开始之时,但同样可以被用于阶段性结束后,小组成员为了一个新的目标重新聚集在一起,或者用于任何时间的增进激励和促进小组活力的活动中。它们能更好地帮助小组成员在基于问题或创造性的任务中共同工作。

摩西德(Malseed,1994)提出热身和破冰活动应具有以下功能:

- 在新小组中帮助破冰,让大家互知姓名和一些其他信息。
- 通过激励提供互动和参与的途径来形成多元和合作的小组。
- 提高人们的身心准备水平,提升他们的注意力以使他们更加专注和工作更富有成效。
- 帮助团结凝聚新建的小组,准备好接下来的活动和(或)合作。
- 为指导者提供相关信息(比如小组能力水平和活力),以便为后来的计划安排提供有价值的参考。
- 帮助大家寓教于乐。

以下列举了一些热身和破冰活动的例子,更多的例子能够在艾尔瓦(Elwyn *et al.*,2001)的著作中找到。摩西德(Malseed,1994)列出的48种活动被有趣地按照参与者的"个人风险程度"归纳为"低风险活动""中等风险活动"和"高风险活动"三类。

低风险活动

- 小组成员围成一圈儿,介绍自己是谁,希望得到的称呼,是做什么的或者是学什么课程的,并简要地介绍自己的其他情况,比如兴趣爱好。在此过程中,指导者可以提示大家可以不用说不方便让小组成员知道的事。
- 小组成员围成一圈儿,要求2人一对儿。每对儿各自用不超过2分钟的时间轮流向同伴做简短的自我介绍,告诉对方自己是谁,可以以某些不寻常或做过的幽默的事收尾。然后,每对儿成员将自己的同伴介绍给小组其他成员,直到所有人介绍完毕为止。如果结对儿时出现了单数,指导者可以介入到此过程中。

中等风险活动

- 小组成员围成一圈儿,指导者给他们一个皮球或其他玩具。

- 大家把皮球或其他玩具传一圈儿，传到谁手里，谁就报出自己的名字。每位成员都自报名字后，手上有球的人将球扔给组内某人并喊出他的名字。那个人报出自己的名字，谢过扔球的人，把球扔给别人，并报别人的名字。如果扔球的人把名字报错，那么得到球的人报出自己的名字后，将球扔回，让他重新报出自己的名字。这个过程一直持续到每个人都了解其他人的名字为止。
- 小组成员围成一圈儿，将他们面前的空间想象成一张有着东南西北的地图。根据小组自身背景，地图可能代表整个地球、一个大洲或一个国家。参与者被要求在想象地图上定位他的出生地。一旦他们确定了自己的位置，指导者便要求每人向小组介绍他的出生地点、姓氏及起源、含义或家族历史。下一组成员被要求换到他们上小学、大学或任何其他学习组织的地点进行定位。在轮流介绍中，他们要说出在该地点学了些什么。之后，参与者回到他的座位。

高风险活动

- 每名小组成员手里有一张单子，上面写有若干个（比如十个）特征，每个特征后面都有空格，用来填相应的名字。这个单子可能包括这样一些特征："独生子""最年长的""访问过美国""曼联队支持者""讨厌歌剧""体验过跳伞"等。每名小组成员可随机地与其他人结组，并相互通过提问来了解对方的情况，直到自己手中单子上的空格尽可能被填满为止。在此过程中，每个人和其他人都已做过对话，并知道了他们的名字。
- 小组成员两人一组，每组有3张A4纸、1把剪刀、3卷胶带和1罐烘焙过的豆子。给每组有20分钟时间，让他们想办法用纸来撑起那罐豆子，超过桌子越高越好，至少要撑起10秒钟。

对学生有更多的了解

当和一个新的小组在一起时，指导教师可能希望在开始上课时，能多了解一些学生的情况。在加入这次所讲模块之前,学生可能已经学过其他不同的课程。他们可能会有不同的特殊需求,他们也可能来自不同国家并有着不同的文化背景。小组成员的多样性有助于开拓和加深学习讨论。

指导教师可以简单询问学生以前学习过的学科或课题,这样可以快速了解他们的经历以及他们学到了什么。然而,就这么一个调查很难让指导教师了解小组的能力。指导教师也可以通过使用问卷或提一系列简短问题的方法来帮助找到答案。尽管使用预测可以为指导教师提供很多有用信息,但预测这种方法还是要谨慎使用。如果组织的测试像考试,就会让某些学生感到紧张。因此,指导教师需要仔细想想,如何介绍该测试以及如何处理测试的结果。如果使用调查问卷来设计第一次讨论,可以在很大程度上避免一些人的焦虑。比如,就有关小组将要一起学习的课题,首先向学生提出10道简短的问题。提问时将问题的逻辑顺序打乱,这样指导教师可以发现学生已经熟悉的方面,以及他们可以多大程度地运用所学知识(如分析、解释等)。然后针对所提问题,询问并观察学生对于每道题目的回答和反应。指导教师可以选择将答案读出来,或者让学生写下他们自己的答案,并协同邻座同学提交有关测试的三个问题。在这两种情况下,指导教师都可以间接了解学生目前的水平和能力,又不会给学生带来更多焦虑,同时也避免了将答案测试纸带回去自己批改所带来的更多工作负担。

一些大学一年级学生在进大学之前可能没有经历过指导会或研讨会,像"我们如何一起工作"这样的问题,在他们之前的学习经历中可能从未被提及过。所以指导教师有必要利用新组学生第一次见面的机会,了解他们的期望,并说明"教师和学生""学生和学生"之间的工作关系。对于基本规则的使用和发展在第二章曾讨论过,这些规则对于讨论和决定角色、责任和小组的运行提供了很好的帮助。一位研究经济学的同事每次开始新组指导时,总是在黑板上写下两个问题:"你们觉得我们应如何在指导会上一起工作?""你们觉得教师应该做什么?"接着他会借口离开教室几分钟,然后再加入课堂上的大讨论。讨论几分钟后,他便问小组讨论得怎样了,等小组纷纷表述了各自的想法后,他把自己的观点加入,并纠正他认为有任何误解的地方。

激活小组任务

让我们假设现在小组任务已经形成,学生和指导教师知道课程的目标和学习结果,小组教学的核心状态就是大家积极参与任务和活动,以加深理解,推动学习和技巧的发展。以下是小组教学一些可以管理讨论和活动的方法。

轮流法

正如前面提到过的,学生被要求轮流回应,所有人都要参与并做出贡献。在总人数少于 16 人,并且座位的安排使得每个学生在讲话时都可以看到所有人时,轮流法能发挥最大作用。若小组内总人数超过 16 人,轮流法就变得耗时又费力了。

轮流法可以在小组教学课程开始时使用,以测试小组成员现有的理解水平。比如,请轮流完成以下句子"一个好的教师应努力……",或者完成一个衔接列表"什么能帮助我们学习"。

在小组教学课程进行中,轮流法可以用于收集案例或给学生提供提问的机会,比如"让我们轮流收集领导人的案例",或者"请说出一件你不确定的事"。

轮流法还可以用在小组教学课程结束时,让学生轮流总结学习成果和行动计划,比如,"今天我学到的是……"或者"我接下来准备做……"

传递笔

这是对"轮流法"进行技术调整后的一种方法,要求学生写出各自的贡献,提笔写下各自的观点之后,再把笔传给同列的其他人或自己选定的人。国际学生、英语不是母语的学生或者很害羞的学生可能觉得这种书面的交流方式比平常口语交流的方式更易接受。

选择题目

"轮流法"的另一种调整方法是：提供给学生几个可选择的题目，先让学生选择其中之一，然后请学生讨论一分钟，最后请学生说出做出该选择的前提或条件；或请学生将所有题目按优先顺序排列。

这些可供选择的题目可能是一些考古学样本，或是几台医学设备，或者随便是些符合规则的事物。学生可能会觉得某题目比其他的更易交流，因此，首先选择它。指导教师也可以选择性地管理这些题目，请学生轮流来做，或者是当学生完成其他任务后，请他们继续选择剩下的题目。

头脑风暴

头脑风暴是流行的、有效的小组教学活动，可以追溯到1930年的奥斯本（Osborne）的著作，用于在一个自由的环境中激发并形成小组的一系列创意、观点和建设性的建议。它不仅可以用于达成有一定特定内容的原始目标，并且可以用于热身或破冰活动。

头脑风暴由两个独立阶段组成。在第一阶段（也称"创意"阶段），焦点在于数量而不是质量。目标是引发创意并鼓励持续思考，可由指导教师或一名学生记录下学生的想法和评价列表。在该阶段，指导教师无须阻止在讨论或质疑过程中所产生的任何源源不断的新想法。在第二阶段，指导教师要通过指导来规范学生贡献的内容，归类选题，并考虑选题之间的相互关系或相对重要性。比如，指导教师可以建议学生关注列表中一些"紧急的""重要的"或"即时、短期和长期战略"。

上述两个阶段对于自由讨论有着很重要的影响，使得学生能够产生更多原创和无所顾忌的观点。因此，头脑风暴是在解决问题或设计时可以采纳的好办法。这种方法在课堂活力方面的价值也是很值得评价的。头脑风暴的高效可以"唤醒"疲倦的学生或在小组教学课上重新打开一个新的议题。这是一个能够转换空间和进程的多样化的极好的方法。

思维导图

思维导图常常作为写作技巧来帮助执笔的人克服障碍，思维导图还可以用于小组解决问题、创新性工作以及在小组教学中开辟新的议题。思维导图由 20 世纪 60 年代晚期的布尼·布赞（Tony Buzan）提出，思维导图是一种观察观点、概念和事物间形成的可见关系的直观方法（Buzan,1993）。思维导图使得参与者能够看清在某个特定领域内概念间的主要关系，帮助他们获得一种框架，有助于组织他们的学习活动。思维导图还可以帮助大家分析原观点间的关系和隐含的假设，并建立起一种新的关系，从而帮助大家探索和创造自己的思路模型。

该过程包括指导者在黑板中央写下标题，然后请小组成员思考所有可以想到的内容，并将其内容写在黑板上，用一系列首尾连接的线串出要点和要点之间的关系。比如，将一系列内容归类到某个联系观点的分支下，或者将它们归类到某个主题下的一个主题分支中去。如果结合之前所述的"头脑风暴"，指导教师可能希望将进程划分为两个清晰的部分。第一，形成很多观点；第二，分析各种观点及它们之间的关系，形成思维导图并进一步评价内容。这种方法的好处在于，可以让所有学生参与其中，合作形成的最终结果又可以被所有人使用，从而有助于该主题的进一步研究。或许指导教师还可以建议学生用相同的方法来开始他们的个人写作安排。

SWOT 分析

SWOT 分析是包括优势、劣势、机会、威胁四个方面在内的一种分析技术，可用于小组成员总结自身在合作项目上的进展。比如，一个学习小组准备做一个跨学科的工程学项目，他们可以使用 SWOT 分析来帮助分析和确定小组面临的问题。该分析方法指明了类似"我们需要做什么才能有效地合作？"这样的问题。小组成员或指导教师在使用方法上的不同也是个问题。SWOT 分析也可用于指导小组成员评价案例学习。例如，商学院的学生可能被要求用 SWOT 分析来思考某一公司目前的状况，然后对于该公司接下来该采取何种措施提出建议。

SWOT 分析同样是一种理想的小组教学技巧。在新的工作实践或新的课程被引入时都可以使用 SWOT 分析。它使得参与者能够公开地了解到新的工作实践或新的课程的优势、劣势，并紧盯着出现的机遇，就如同及时发现因变化带来的威胁一样。

SWOT分析可以用于标准化大小的小组或被分割为若干组后的大组。在后一种情况下，指导教师要想使整个项目运转起来，就要请每个小组选出一个能控制进程的主导者。

该方法也可用于多组结构。开始时，指导教师向全体成员进行总体介绍，勾勒出预计变化的性质和总体SWOT分析进程。各小组都应简要地针对优势、劣势、机会和威胁四个方面开展头脑风暴，然后在结束时的全体汇报中，每组要将其结论和发现公开。参与者应十分明确他们要做的事和达成的目标，同时还要考虑到时间限制。指导教师应将大组分成8人一组的小组，可能还有其他各种技巧可以使用，这要根据计划日程来进行安排。

多组结构使用SWOT分析方法主要有两种方式，可用的时间量成了关键因素。一种方式是有4个及以上小组，并且每个小组都可以处理SWOT分析中的一个方面，当然这可能意味着分析方向的重复。另一种方式是每个小组轮流处理一个方面。很明显后种情况比前种情况要花去更多的时间。在每组开始着手工作前，他们应先做好短暂的破冰和介绍工作，并通过自荐或民主选举的方式选出主导者，该角色就是主席和推动小组任务的人。指导教师可能会过来巡视，轮流探访每个小组，以确保进程中任务被正确执行，并协调时间。SWOT分析的每个方面都应该被记录在活动板或投影仪上，以便后面进行陈词。

一旦SWOT分析完成了，各小组应该汇聚在一起，提交每组的发现。指导教师接下来要指导一次讨论，目的在于总结各个小组所感知的有关优势、劣势、机会、威胁的观点。然而这些内容最终要转化为有一定排序的当前面临的系列问题，并形成行动要点。这些可以在大组中完成，如果有时间的话，也可以再分给小组先自行讨论，最后再提交汇总。

一个有效的SWOT分析结果应对之后继续活动的计划达成共识。原则上，指导教师应做个自由裁决人，允许各小组达成他们各自的共识，不应该刻意去推动某个进程。指导教师还应意识到可能会产生的各种冲突，并做好随时处理和应对它们的准备。

蜂组和塔阵

蜂组，之所以这么叫是因为教室里会发出一定程度的声响。三三两两的学生被要求就一个问题或话题讨论一会儿,问题水平和定位是重要的,它需要所有学生有感而发,不论是从其自身经历还是从课程中学到的。在设置好问题后,应让学生在和同学讨论之前,先花几分钟时间写下自己的感受,这对于推进蜂组进程是有帮助的。如果指导教师比较关注数量目标,那么可以请学生尽量多地写出自己的感受或想法。比如,"请写下 5 个开讲座的原因"或"按顺序列出胸痛的 3 个原因",之后的提示包括"请将你们的列表与邻座的 2 个同学的列表进行比较"或"请看看你们是否同意邻座同学的列表"。

让学生以这种方式工作的一个原因是鼓励他们自己思考主题,并力图让所有学生主动参与。另一个原因是这种工作方式可以帮助指导教师从学生那里收集观点和答案,并在课堂讨论中对反馈加以整合。如果是出于第二个原因,指导教师就有必要从学生处取得反馈,可以参见 60~62 页的相关操作建议。

然而,在此有必要提到,如果指导教师能让学生先同其他小组成员讨论他们的观点,会更有可能取得他们的反馈。参加过同学间讨论的学生有机会在私下演练一遍对自己的观点的陈述,因此会更乐于在公开场合发言。蜂组的这种演练使得学生的观点得到了加强或挑战,因此这就不再只是他们自身的观点,而是有一个小组在背后作支撑,将他们的观点带到班级讨论中,成了再一次对于"冒险"的鼓励。

结对讨论过的学生可与其他对子相互讨论,拓展和加深他们对于主题的探索。这 4 个人的组又可以与另外 4 个人合并一起思考和商讨反馈。这种方法有时被称作"塔阵"或"滚雪球",最后可以形成一个超大组或联合组构型。可以肯定的是,在此过程中每个人都有机会表达自己的观点。这种方法的唯一缺点是,参与者可能发觉他们接下来面对 4 人组,然后又面对 8 人组的时候总是在重复原来 2 人组时的观点。正因如此,我们并不推荐频繁使用该方法,它可能会使学生感到疲惫和乏味。

小组穿插和混合组

将一个班级分为若干个 4 人组,让学生以小组为单位来合作研究一个课题或问题,并不要求他们向全班汇报他们的发现,指导教师可以请其中 2 人同另一组中的 2 人交换位置,因此形成了穿插。这样做的目的在于将一个组形成的想法加入到另一个组产生的观点中去,从而促进该议题的"成长"和讨论范围的拓宽。

最初每个小组成员都有一个编号,代表第一组中他的成员关系以及第二组中他的成员关系。比如,参与者可被标为"A""B""C""D",起初参与者被分为4个3人组:ABC、DAB、CDA和BCD。进行一些活动后,指导教师要求参与者组成3个4人组,确保每组都有一位编号分别为"A""B""C""D"的成员,然后花些时间做一部分活动,接着参与者被要求再次形成新的4个3人组的形式:所有"A"在一起,所有"B"在一起,依次类推,新小组再执行活动的下一部分。

小组穿插对于促进小组合作工作和完成不同任务很有效,其工作结果最终被上报至整个组。此过程意味着参与者首先要合作达到第一个目标,接下来经过小组穿插活动后,他们就向其他组成员提交并解释他们的观点,其他组成员会向他们提出问题并要求说明。在此过程中涉及大量内容,所有参与者通过合作、提交、倾听和提问来学习。在一个小组教学课程中,小组穿插需要时间,但第一阶段是合作共事的扩充阶段,它包括增加的自我导向学习和提交准备过程。

然而,如同先前"塔阵"法的讨论一样,有些学生可能会感到该方法在实践中会让他们重复表述和倾听前面讨论过的观点。对于基本方法做稍许调整,便可改变此情况。将问题或课题划分为两个以上层次,穿插发生在学生从一个层次到另一个层次的过渡过程中,讨论的焦点在持续推进,重复从而得以避免,学生却仍能从重新组成的小组中得到裨益。

此方法的另一种变形可以用于需要解决数量型问题的班级中,学生被要求解决数学或统计学问题。指导教师可以通过一组学生对问题的解决来检验他们的理解和成果的正确性并找到最终答案。这些学生可以再加入其他组,并可成为那个问题的学生教师。指导教师可以检查第二组学生的第二道题目的解决情况,而第二组学生又可以作为第二个问题的学生教师并帮助同伴。有证据表明,这种组织相关学生以学生教师的身份进行活动不仅对需要帮助的学生有用,学生教师本人也能通过自身的教学强化和加深对问题理解。

纸片、卡片和报事帖

通过利用纸片的排列、收集、分类和优先活动来鼓励小组成员进行讨论和深入思考是可行的。这些技巧可以穿插到任何形式的小组教学课程中,以改善、激发和鼓励更深入的互动。这种活动本身也同样有趣。

指导教师将观点、概念、进程、定义、描述、名字、日期等信息进行拆分后,写在不同的纸片上,然后将其放入一个信封交给一个 2～3 人的小组。接着学生被告知如何处理他们手上拿到的素材提示,有的提示是具体的,有的提示则是开放式的。某些学生也有可能根本没有得到提示,而不得不根据小组教学课程的内容来决定该做些什么。学生可能被要求以某种特殊方式将素材改变分类,放置于相关小组;也可能被要求将素材进行优先排序或逻辑排列。比如,指导教师提供的信封包含不同颜色的纸片,学生的任务是与另一个信封中的内容相匹配和关联。例子包括"一个问题和可能的解决方案""一种化学物质和它的化合物的形式"等。该活动可由指导教师通过发挥想象来进行指导和组织。

几套印有信息标签的卡片同样对小组教学有用。这些卡片可以包含观点、概念、过程、定义、描述、名字、日期,也可以是任何与学生手上的任务相关的信息。这些卡片可以作为讨论的提示,也可以作为亟待完善的部分列表,还可以作为过程中的步骤。

彩色的报事帖是一种灵活的资源,可以促使学生思考周围的观点并查看这些观点之间的关系。学生可以将其写下来贴在活动板或白板上,然后根据采取的行动将其重新排列。报事帖对于学生形成新的思路很有帮助。

当学生从事上述这些活动时,他们很快便相互交流起来,讨论问题的原因和对分类、排列以及支持某个结论的选择。根据任务的性质,这些活动可能会促进深度思考以及对观念和关系的准确评价。之后在大组中,鼓励参与者反馈他们做出结论的过程,可促进更深入的合作,这样,所谓的"元认知"便逐渐形成了。

联合小组

小组教学中面临的困难常常包括:学生太安静、学生太害羞、有的学生说得太多、有的学生滥竽充数。小组越小,上述这些情况就会越少发生。利用小型工作组或联合小组来研究或讨论问题,或者通过问题单一起去工作是一种普遍的方法,这种方法对于解决上述这些情况十分有效。联合小组可以用于或大或小的班组,或者用于支持课堂上安排的独立学习和作业的布置。

如果条件允许,使用联合小组方法进行教学时,可以先在班级会上交代好工作任务,然后将班级迅速划分为若干不同小组。指导教师在不同小组间移动,回答问题或促进深入讨论和理解。指导教师也可以监督和检查学生是否在做他们该做的事情。在课堂最后十分钟时指导教师可以组织集合汇报,进行基于学习成果和学科的要点总结,并指出学生的常见错误,分发答题纸或深入阅读清单。

更多冒险方法

此处考虑的方法要求提前计划以及适当发展学习资源。使用角色和模仿在某些学科中是很普遍的。指导教师需要对教学环境中的当地文化很敏感,当指导教师的教学方法超越了学生的日常体验时,指导教师要努力尝试减少学生的焦虑。比如,作为一个"实践机会",指导教师可能希望引入角色表演或请学生模仿一个"工作案例研究",而"角色表演"和"模仿"这两个词本身就会给人带来不可预期的畏惧感。

鱼缸法

鱼缸法,正如其名,常常指一个组观察另一个组的工作。比如,一个大组观察一个7~8人的小组基于问题的学习或教师指导下的某场讨论。然而,鱼缸法不仅仅只是观察,指导教师在小组活动间隙可能会暂停小组的活动,并邀请大组发表评论和建议。指导教师还可能会鼓励或指导大组去观察小组成员间的沟通机制、交往策略或提问技巧,并推动此领域的讨论。依据指导教师的信号,小组可以继续活动或者暂停。这种开始和暂停的进程可在课程中反复多次。

角色扮演

角色扮演对于鼓励小组成员挖掘自身行为和类似情况下的他人行为非常有用。恰当地运用角色扮演这种方法能使参与者分析其态度和行为,获取行为反馈,并尝试不同行为(Holsbrick-Engels,1994)。小组教学的目标包括小组成员的人际关系和沟通技巧的发展。角色扮演就是一种很强大的经验型学习方法。然而,也正是由于这种强大的力量,对于没准备好的参与者来说可能又是一项非常让人挫败的、有一定冒险的方法。使用此方法时,指导教师应慎重,应充分准备和监控。

基本上,角色扮演包括请某人扮演假定在某个场合中的另一个人。这是一种没有设定脚本的表演,这种活动通常发生在鱼缸法活动中,发生在被一个大组观察中的另一小群人中。很明显,对于参与者来说,角色扮演上演了一次强大的经验学习体验,这对于观察者的影响也非同小可,指导教师适度的提问和质疑可以有效地强化这一过程。

很多类型的角色扮演需要两个人的互动,因此,在这种情况下需要两个参与者,比如:

- 医生和病人;
- 律师和被告人;
- 母亲/父亲和儿子/女儿;
- 父母和教师;
- 调查研究者和总监/企业家;
- 社会工作者和委托人;
- 教师和学生;
- 培训教师和被培训的学生;
- 经理和雇员;
- 指导者和被指导者;
- 设计师和委托人;
- 店员和顾客;
- 服务员和用餐者。

更多精心策划的场景可以用于更多人,可以模仿更复杂的人际互动。

艾尔瓦(Elwyn et al.,2001)认为角色扮演的益处来源于其迅速在安全模式下将学习带入生活中的能力。艾尔瓦提出角色扮演有助于参与者:

- 表达隐藏于内心的感受和讨论敏感话题;
- 理解其他人的感受,并在不同场景下进行重复表演;
- 观察有些人如何把握复杂、困难的社交情形;

- 完全投入到某个问题或想法中；
- 获取关于其表演的即时和多样的反馈；
- 减少"理论"和"实践"的鸿沟，并加强技巧的发展；
- 改变对某些事情（或人）的态度。

然而，很多人都对角色扮演有所焦虑，实际运用此方法时，常常见到角色扮演者和观察者都很尴尬。有些人羞于在别人面前表演或者觉得无法忍受在公众面前暴露其态度和行为；有些人则认为角色扮演是在浪费时间。指导教师必须要积极面对学生的这种负面情绪，必须建立一种情境来减少这种焦虑，并使全部参与者能够看到自身获得的好处。准备和铺垫是角色扮演成功所必需的活动。比如，一个角色扮演应与小组教学课程的所有目标相一致；参与者应被告知其期望目标；如有必要，可以招募一些志愿者。角色扮演者应被简要告知角色，可以给他们分发预先印制的角色描述或提供脚本描述他们身处的场景。角色扮演活动应该控制好时间，并安排专人监督。

使用角色扮演的标准过程是介绍—执行—小组讨论。范·美斯（Van Ments）描述了可以被引入此进程中来的一系列变化（Van Ments，1989）。

- 角色反串：参与者可以互换角色，比如一个培训教师可以转换成一个被培训的学生，这对于参与者发掘内心感受非常有用。
- 角色轮换：主要角色（比如经理）由参与者轮流扮演，这样，每个人都会有扮演此角色的经历和体验。
- 另一个自我：一个参与者站在主要角色后，并表演他的另一个自我或多变的自我，发声表达主要角色自我想象中的意识或感受，比如，"我被这个评价伤害了"。如果该角色的表演者停住了并忘记了该说什么，另一个自我的扮演者同样可以通过表演帮助该角色。
- 重演：指导教师让角色扮演者倒带，并让某个特定序列再演一遍。指导教师也可能暂停该进程，请观察者对前期活动进行评论（见"鱼缸法"）。
- 快进：如果指导教师觉得时间差不多了或者某个问题已解决，那么可以提示参与者快进到角色扮演的下一个场景中。

一旦角色扮演完成了，按照传统惯例，角色扮演者正式结束他们的角色，并通过陈述他们各自是谁来重建自己的身份。如果学生的情绪已被刚刚的活动渲染，或者被要求表达他们根本不同意的观点，这可能需要花些时间。下一步就是讨论汇报对有关角色扮演的分析、讨论和提炼出的学习要点。

模拟和游戏

设计模拟和游戏可以给学习者提供机会,可以使他们在小组教学环境的安全模式下以及相对简单的环境中挖掘对现实世界中的某些活动的体验。在高等教育课程中,穿插了大量种类繁多的可操作的学习活动和游戏。学生可能会因成本、可行性、安全性等问题无法获取学习经验。将模拟活动引入课程中来可以帮助学生获取相关的学习经验。如果很多"现实中的事"很复杂并且难以实现,模拟也可以用来给学生提供更多机会以便学生进行准备、实践和复习回顾。

游戏能让参与者投入其中,并促使其使用主动积极、充满动力且令人难忘的学习方法。用于学习活动的游戏减少了个人成本,也有可能会减少学习认知的产生,因此,指导教师的作用往往是巩固和强调从经验中得出的观点。

取得反馈:听取学生的意见

如果学生被要求参与班级部分的小型组或联合组中的工作,则有必要在活动结束后请所有学生集中一下,以便大家分享学习体验和成果,这通常被称作"取得反馈"。有很多针对此方式的管理方法,选择哪种管理方法依赖于班级的原定学习目标,当然也要看还有多少剩余时间。

如果时间紧张,指导教师可以简单抽查一些学生的工作成果,来获得对他们讨论情况的大致印象;也可以要求各小组简单汇报他们讨论出的一个观点("最重要的、你们讨论时间最长的观点")。然而,在很多情况下,指导教师更希望从联合小组那儿得到更完善的汇报。

指定的危害

如果某位指导教师指定某位学生到某个地点回答问题,提问的恰好是一位自信的学生,该学生很可能会给出一个不错的回答,并且一切进展顺利,那么这位指导教师是幸运的。然而,不是所有时候那么幸运,有时也会提到沉默或注意力不集中的学生,抑或是一个不安和不自信的学生,那么这时就是在冒险了。为什么要担这个风险呢?这毕竟不是指导教师必须要面对的局面,况且还得在课堂上重新建立良好氛围。某些指导教师可能会把这种方法运用得很好,而对于大多数指导教师来说,这实际上是一个暗示——他们没有很好地准备和充分地思考他们该如何更好地获取学生的反馈。为了让学生跟指导教师对话,这么做在某种程度上是极差的方式,可能招致严重的或事与愿违的后果。

及时布告

请学生一起合作,并在一块活动板上列出他们的答案,这对于明确定位小组讨论内容和要解决的问题的小组教学活动是一种非常有用的方法。小组成员在工作中随时汇报,有助于指导教师监督进程和把握讨论方向。一旦工作完成了,布告成了唯一在短时间内发出反馈的方式。将布告展示在墙上,并让各小组相互阅读其他组的反馈是很有趣的。

指导教师可以选择请某一组的发言人从他们的布告中提炼出两个要点,然后继续这样做,以便让每一组将其之前内部讨论的内容公布给大家;也可以要求某小组做出与布告相配合的完整的口头报告,之后请其他组补充、评论或提问。

使用报事帖和投影仪

及时布告对于小组反馈可以发挥很好的作用。而在小范围内使用报事帖或用投影仪观看个人提供的纸片作为媒介,对于收集个人或两人组的反馈信息来说是比较合适的。比如,在第三次小组教学课程结束时,指导教师可能对学生说:

请你们告诉我,你们觉得课程进展如何?我们如何能够加以改进?我现在给每人发两张报事帖,请在上面写:"我希望继续……"而另一张请写:"我希望停止……"

使用投影仪取得反馈可以将很大范围内学生的观点一起展示出

来。比如，指导教师可将一张纸进行四分分割，给每组学生一支笔和一张纸，然后要求每组列出 3 个最能描述"X"的词，或者他们对"X"估计的成本，或者"X"的主要症状（或是其他一些恰当的简要描述反馈）。指导教师可以一次展示出四个反馈，并在总结讨论时进行比较。这种反馈方法的优势在于，指导教师可以在展示前看到所有学生的反馈并做出反应。如有必要，指导教师可以通过提供一个最终总结来归纳所有被遗漏的重点，并矫正学生理解上所有的错误。

提名发言人

当联合小组完成了任务，他们将通过推选一名发言人来向全体进行汇报。指导教师对于他希望发言人如何表现给出明确提示是非常有必要的，比如，"请提名一位发言人来反馈一下你们组所遇到的最好和最坏的例子。"或"请用两分钟通过报事帖汇报总结一下你们的讨论。"

让小组在临近工作完成时选出一名发言人是比较好的做法，因为选发言人实际上是很耗费时间的。

学生演讲

学生演讲一般指学生被要求准备更为正式的工作汇报演讲，不论是个人的、组对的，还是小组的。对于很多学生来说，要对整个组进行演讲是让人畏惧的事。这需要小心把握和斟酌。在第六章我们将更详细地介绍"由学生主导"的研讨会的方法以及如何帮助学生发展演讲技巧。向小组做演讲是一个连续的过程，其中包括先向同伴表述，接下来向小型的私密组演说，最后再向整个组进行演讲。并不是要将学生甩向深渊，直接要求他做出一个 10 分钟的班级正式演讲，而是要让学生从多次锻炼中获取技巧，更重要的是，使他们重获信心。

第六章有更多技巧和方法，可以用作教师以及学生研讨会主导者组织和构建由辩论、激励、介绍、案例学习、角色扮演和问卷调查组成的班级讨论的参考。

不同学科举例

以下是选出的一些小组教学的例子,可以用来展示不同学科中指导教师采纳的时间规划方法。在这些举例中,许多助教和指导教师阐释了他们是如何在其学科领域内组织并管理他们的班级的。

法学

在课上,我将学生划分为两组,每组有 6 名学生。我准备了两个问答题,一个给出了一个特定的观点,而另一个则是相反的观点。我要求所有学生预先准备 4~5 个要点来支持他们各自的观点。在开课时,我会留给学生 10~15 分钟时间讨论他们被分配到的问题以及他们准备的 4~5 个支持其观点的要点。我发觉在我离开教室时,他们能做得更好,因为他们会更少受到限制,且更愿意交谈,即便某个学生没准备,他还是可以从其他同学那儿得到一些想法和提示。我还发现,其他同学会对那位未经准备的学生施压,因为其他人会讨厌那个不做好分内工作的学生。然后我们作为整体大组花 20~30 分钟时间讨论这两个问题,最后以投票表决最认同的问题的形式来总结陈词,我有时也会在讨论中总结主要论点。

统计学

在我的问题课上,课程主任在前一周讲座结束时,就给学生布置过一连串问题,我会带领学生用 50 分钟时间将这些问题过一遍。学生被要求在来上课前自己研究一遍,他们有些人这么做了,有些人却没有。我发觉时间太短,而要过的问题又实在太多,于是我在一开始便问学生他们是否有疑问和纠结的题目,我们把这些问题找出来,大概要花费 5~10 分钟。接着我就一个问题一个问题地问,然后在投影仪上一行一行地写下这些问题的答案。我经常停下来向小组提问,他们知道我不介意他们答错题,于是他们很乐意喊出答案,我尽量写出提示,帮助他们联想到其他的问题,这个过程大概需要 10~15 分钟。

以这种方式每过一道题目我就让学生组对儿思考下面的问题,我转而到组对中,了解他们想不通的地方并提供帮助。他们一般会互相帮助,我发觉很多小问题在我到达他们那儿时已经得以解决。如果我发现有人卡在某个问题上,我会请1~2位知道正确答案的学生在黑板上写出他们的解题思路,如果他们是以不同方式解出同一个问题的,那就更好了。之后我们再讨论使用不同方法的前提和条件。课程结束时可能还会留些问题,但通常此时我们已经解决了绝大多数疑问。

经济史

我先请两名学生根据他们阅读的3~4篇文章或段落来准备一个问题,并将问题的答案进行预先准备。他们通常将其在课堂上展示出来,因为我要求他们花10分钟时间来阐明他们的结论。在他们的展示中,我会提出恰当的问题,原因有可能是他们还未充分解释某些地方,或者是他们的分析有些跑题。然后我将所有人分成小组,每组约4人。我要求他们用20分钟时间一起解决这些问题。我让他们独自讨论10分钟,防止在一开始就对其有过多的指导或引导,之后我再一组一组地加入。我以他们的思考方式来指导他们,并敦促他们更严谨地对待模型和数据。最后,我们大家回到整个班级(大概16人),我会请几个小组说一下他们的讨论结果,而让其他同学提问并评价其答案。如有必要,我将快速完成关键问题或要点,但一般并不需要,因为学生已经在讨论中对这些问题有了一定的认识。

天文物理学:角色扮演练习

在这些练习中,我将我的班级划分成典型的3个小组,给每组一张纸用于描述天文学某个神秘现象的一个方面。各小组得在教室中周旋,与其他小组交换信息,直到他们可以拼凑出完整的解决该天文学神秘现象的答案。之后,他们可以提交答案并获得奖励。

该练习不论是在150人的大班开展,还是在12人的小班开展,学生都操练得不错,我找不到理由说它不能适应更大的班,而且适用于10年级(大约14岁到15岁)的孩子,也适用于硕士生。了解更多信息请看由弗朗西斯(P. J. Francis)和巴瑞尔(A. P. Byrne)撰写的电子版文献,网址为http://www.atnf.csiro.Gu/pasa/16-2/francis/paper/。

扩展阅读

[1] Baume, D. and Baume, C. (1996) *Learning to Teaching: Running Tutorials and Seminars-Training Materials for Research Students*, Oxford: Oxford Centre for Staff Development.

[2] Elwyn, G., Greenhalgh, T. and Macfarlane, F. (2001) *Groups: A Guide to Small Group Work in Healthcare, Management, Education and Research*, Oxford: Radcliffe Medical Press.

[3] Jaques, D. (2000) *Learning in Groups*, 3rd edn, London: Kogan Page.

[4] Nortthedge, A. and the H851/HH851 course team (1998) *Practice Guide 1: Teaching in Groups*, OU Series H851 Teaching in HE: theory and evidence, Milton Keynes: The Open University.

有用的网址

1. http://www.mind-map.com/index.htm
2. http://www.ncl.ac.uk/medicalsciences/
3. http://www.ms.ic.ac.uk/sagset/

第五章 基于问题的学习

导言

基于问题的学习（Problem Based Learning，PBL）是一种在高等教育中被广泛应用的小组教学方法。一些人对在教学中引入基于问题的学习方法很感兴趣。本章我们将介绍什么是基于问题的学习，如何进行基于问题的学习，基于问题的学习课程对于指导教师的技巧有何要求。由于基于问题的学习具有争议的特点，我们将找出它作为教育学工具的有效性的证据。最后，我们将给出在不同学科中使用基于问题的学习方法的一些案例。

什么是基于问题的学习

基于问题的学习是小组教学中不可或缺的，并在小组教学方法中发展起来的，经扩展已成为学习者获取课程大部分知识、技巧和态度的主要方法。基于问题的学习在文献中还有其他表述形式。比如，有的文献称之为"基于要求的学习"。在弗农（Vernon）和布莱克（Blake）的评论中（Vernon and Blake，1983），该方法曾被归类为大教育哲学理念，是对于特定学习对象和目标的使用或者是对于教育态度和价值观的总体看法。瓦尔特和麦特斯（Walton and Matthews，1989）描述了基于问题的学习区别于传统教学方法的三个特征：第一，其课程组织围绕着问题而非学科开展，突出强调了整合学习和认知技巧及理解；第二，它由具有主动性的小组教学方法和独立学习方式所驾驭；第三，它的其中一个目标就是终身学习态度的发展。本章我们将阐述具有普遍意义的基于问题的学习。

正如巴洛斯和泰姆博（Barrows and Tamblyn，1980：12）所述，基于问题的学习是"一种来自理解问题或解决问题的加工过程的学习"。后文会讲到，基于问题的学习有很多类型，但其本身并非仅仅是利用问题作为例子或给学生展示要解决的问题来进行教学。在之后的内容中，大家会发现解决问题与学习解决问题的技术或找到问题的答案相关。尽管这些是值得称颂的教育目标，却无法与基于问题的学习的更多的精心成果相媲美。

基于问题的学习紧密联系于协作式的工作和学习以及积极性极高的小组。在基于问题的学习中，学生在小组中沟通使人际关系得以发展，个人和小组的学习目标得以完成，以自我为导向的学习得以执行，当问题解决后，关键的评价技巧也得以发展。对于所谓的问题，被看作"情景"，并非是要解决的事，而是用于触发小组讨论、产生任务和学习成果。问题形成了提问，小组产生的提问由场景触发，激发了基于问题的学习的深度和学习进程。在很多方面，基于问题的学习可以更准确定义为"基于学习的提问"。

基于问题的学习是一种可以与其他学习模型相整合的教学方法，可以有助于绝大部分模块或学位课程的学习。它非常适用于有强烈职业特征和一系列规划成果的课程，通常源自有专业要求的规定和标准的学位学习课程。医学是最早一批发展基于问题的学习的学科之一，1950年在美国凯斯西储大学（Case Western Reserve University）以及1960年在加拿大麦克马斯特大学（McMaster University）开展过，而其被用于医学教育领域为很多领域建立了模型，牙医、护理、工程、法律、建筑、社工、管理和经济学等学科陆续都开始采用这种方法。

基于问题的学习课程如何进行

约8人的小组每周与指导教师会面2～3次，以应对某种当参与者具有专业资质时可能面对的情景。会面中可能包括一部短片,在大约持续 1.5 个小时的初次会面时,课程小组已认真解读过短片,他们被鼓励提问,从而达到适当的相关联的学习目标。

第一次会面后,小组成员接下来要花 2～3 天时间学习相关资料,用来获取学习经验和/或独立学习课程,这有助于小组学习成果的形成。在第二次的 1 小时的会面中,学生提交获取的信息,并在小组中进行讨论。而第三次可选课程可以包含在接下来能够解决最后一次问题或疑问的指导会中,或在小组反馈和评价自身的工作实践和进展的时候。

表 5.1 是典型的基于问题的学习课程的周计划。模块、课程,甚至整个学位系统都可建立在一系列用来达成课程学习目标的每周场景之中。构建场景与所产生的学习结果相互衔接,逐步构筑了学习知识、技能和态度的连接紧密的框架。另外的场景也可以整合起来,应用于相互衔接的课程部分。在基于问题的学习的很多形式中,场景有其特定的主题。比如在医学教育中,每个场景可以有一个基本的主题:一个医学和临床科学主题、一个团体和人口主题、一个病人和医生主题、一个个人和专业发展主题。学生在处理这些场景时,会有意识地用这些主题去指导他们分析和思考心中的疑问。

表 5.1　本科生医学课程基于问题学习的周计划

时间	周一	周二	周三	周四	周五
上午	3.基于问题的学习指导会(前一周选择性回顾) 1.基于问题的学习指导会(新场景)	■讲座 ■研讨会 ■工作坊 ■演示 ■实践工作 自主学习	工作经历	■讲座 ■研讨会 ■工作坊 ■演示 ■实践工作 自主学习	个人和专业发展 2.基于问题的学习指导会(提交和讨论)
下午	自主学习	自主学习	自由时间	自主学习	■讲座 ■研讨会 ■工作坊 ■演示 ■实践工作 自主学习

值得注意的是,基于问题的学习的课程可安排在周计划结构中,可以包含少量核心讲座、实践课和工作经历来完成那一周场景的主题。正是有了这些增加的学习课程,才使得不同的基于问题的学习的计划得到了其应有的变化。"最纯粹"的基于问题的学习形式就是基于问题的学习指导会和自主学习,而其他形式则增加了一些正式的教学,包括传统讲座。"纯粹"的基于问题的学习是相当罕见的,大多数课程包括了某种程度的正式教学。

基于问题的学习指导会

指导会是基于问题的学习方法的核心部分,代表了前面章节讨论过的小组教学最重要的几个方面,比如其自身的结构和组织、对小组动态的操控和监督以及指导技巧。最佳的小组规模可以考虑为 1 个指导教师和 8 个学生。学生要训练得能像指导教师那样灵活地使用基于问题学习的方法。小组活动要安排在一个大小合适的房间里,有活动板、白板和其他适当的资源,可能还包括提供了场景的电脑和在线学习资料。多年来基于问题的学习尽管有很多变化,但还是形成了特定的一套事项,形成了处理场景的最佳方法。施密特(Schmidt, 1983)提出的基于问题的学习的 7 个步骤将在下一部分评述,步骤中给出了大致时间参考,当然这些时间可根据小组活动的阶段和小组成员的兴趣水平来进行调整。

基于问题的学习的 7 个步骤

第 1 步:解释术语和概念;
第 2 步:定义问题;
第 3 步:分析问题——提问、解释、假设;
第 4 步:对分析进行系统性的罗列;
第 5 步:制定学习成果目标;
第 6 步:基于学习成果目标进行自主学习;

第7步：综合并提交新信息。

一位学生作为主持者，负责引导小组完成每个步骤，另一位学生作为场记，经常要记录很多需要写下来的内容。指导教师的角色等一下会再做更具体的描述，但是他确实应该离得远一些，只有当为了确保小组在正确的轨道上运行并且方向正确时才进行干预。我们现在将进入该程序的每一个步骤，开始具体地描述并总结这1.5个小时的基于问题的学习指导课程。

第1步：解释术语和概念

举个基于问题的学习场景的例子：

> 蓝吉星(Ranjit Singh)，46岁，刚刚从印度半岛回到英国，在那边他和他的兄弟和家人在一起待了1个月。他和他的妻子、4个孩子、父母住在德比的梨树区的一套有3间独立房间的房子里。最近，他开始频繁咳嗽、乏力、体重减轻并发烧。在他咳出血并发展为胸痛后，他去找了他的家庭医生。

此处的关键问题是"是否每个人都了解了该场景""是否有任何新的术语或词语是小组成员不熟悉或模棱两可而需要解释的"。在开始前，有必要让小组成员准确知晓该场景的意义何在，包括将场景拆分为若干个局部问题(可将其写在活动板上)，这样的话就不会遗漏任何要点。这个步骤大概要花上几分钟时间才能完成。

第2步：定义问题

此时，场景必须已经被拆分为若干个局部问题了。根据分析，上述场景应该是存在很多问题的。另外，小组需要对问题进行专题分析，比如，医学专题可能包括基本医学问题、临床问题、团体问题、个人与专业发展问题。根据给出的场景，小组可能会定义出如下问题：
- 印度半岛发生肺结核病的概率；
- 人们生活在过于拥挤的生活条件下；
- 肺结核病的病理学和生物学分析；

- 得肺结核病；
- 对肺结核病进行诊断；
- 对肺结核病进行治疗；
- 肺结核病对家庭和社会团体的影响；
- 处理敏感的文化问题；
- 医生自身对于肺结核病的免疫状态。

这个步骤大概需要 10～15 分钟来完成。

第 3 步：分析问题——提问、解释、假设

接下来就是针对每个问题，利用综合知识和小组的提问来进行详细剖析。这个阶段经常使用头脑风暴法，小组成员会对每个问题发出大量提问，这些提问都被场记记录下来，以备后期使用。然后，小组成员根据各自的知识背景尝试着以建议或假设的方式来给出答案和解释。其间，场记在活动板或白板上记录下关键想法、提问以及可能的答案，可能会写下很多东西。这个过程约花 30 分钟，它是第一次课程指导会的最重要的内容。

此步骤的其他形式可能会给小组增加一些信息，比如，在该场景中描绘出基于结果引入的某种临床调查，这可能对回答某些提问，甚至结束某些提问或请求都会发生一定的影响。

第 4 步：对分析进行系统性的罗列

小组现在已经做出了一系列提问，有些是还没回答的，有些则以部分或不完全解释的形式有了可能的答案。另外，可能还有些假设或条件有待验证。现在不论讨论的学科专题有多么宽泛，小组成员都必须列出一份连贯的分析清单。这个过程大约需要 15 分钟，同样地，场记还得继续记录进程。

第 5 步：制定学习成果目标

第一次指导会的最后一个步骤就是尝试将提问、可能的回答和假设的清单编成一套学习问题或成果的目标，从而形成个人自主学习的基础，小组的每位成员需要清楚这一系列学习成果目标，以便指导自

身的学习。这个过程大概需要 15 分钟。

在所描述的场景条件下，表 5.2 给出了经过前述 5 个步骤后制定的简要的学习成果目标。

表 5.2　医学大学生基于问题的学习小组对该场景制定的学习成果目标

基础和临床科学
- 描述咳嗽的机制和常见原因
- 描述咳嗽病人的临床检查的类型
- 诠释胸透
- 画出结核分枝菌的微生物图
- 描述肺结核病的免疫反应及其在诊断和结核病测试中的使用
- 给出药物治疗结核病的处方，以及它们的作用模式、副作用和抗药性等问题

团体和人口
- 描述肺结核病流行病学和社会经济因素的影响
- 讨论社区中与肺结核病相关的社会和家庭问题

病人和医生
- 说明如何处理与少数种族的交流问题
- 亚洲群体对肺结核病的承受力和产生的歧视问题
- 处理有关病人人身自由的问题，是保密还是强制通告
- 描述如何协调药物治疗的复杂性和长期性
- 劝说家庭成员做好免疫工作

个人和专业发展
- 医生要像病人一样：意识到自身的免疫状态

第 6 步：基于学习成果目标进行自主学习

在基于问题的学习进程中最漫长的一步就是让学生去图书馆查找参考资料和从网站及其他教学资源中寻求问题的答案，验证他们的猜测，并达到他们的学习成果目标。在大多数基于问题的学习方法版本中，每个学生都会尝试所有的学习成果目标，而不是某一些特定的部分，当然这一点也会发生改变。学生可以参加传统讲座、实践课程或研讨会，有些学生能得到教师的个别指导。对于医学护理或牙医学生来说，他们可以获取一些工作经验，比如，从事短期门诊病人的临床接触以及手术台、病房或综合实践。所有这些增加的学习经验应该是对他们学习活动的补充，并有助于其学习目标达成的连贯性和反馈的综合性，这些将在下一次基于问题的学习指导会上被提及。

第7步：综合并提交新信息

按照惯例，下次基于问题的学习指导会上的主持人和场记都会被替换。在学生向其余组中的同学提交他们的发现时，可以使用多种提交和讨论技术。比如，对于其发现的简要陈述或者个人的特别学习成果，每组成员可能被要求使用高射投影仪来提交。指导教师要确保所有目标都能够覆盖到。

在最后一个步骤中，不可避免地还是会有一些提问没有得到充分的回答，更有甚者还追加了新的提问。此时最终的简短的步骤可以用于处理这些突出的问题。在此步骤中，对于指导教师来说，受用的方法是能够回顾并总结所涉及的关键问题，并让小组成员评价他们的工作实践和投入的反馈。此时发生了元认知，因为学习者扩充了他们的视野，体会到了他们学习的过程，而这有助于促使其树立正确的学习发展态度，使之成为学习者终身学习和专业进修的基石。

基于问题的学习方式的教育学合理性

> 在学生面临不确定时，最强大的学习行为发生了。
> (John Dewey,1938：32)

既然已经对基于问题的学习进行了描述，并对基于问题的学习过程进行了解释，大家可以更容易与其他的小组教学形式加以比较，并开始理解基于问题的学习被认为是最强大的学习方法之一的教育学方面的原因。正如第一章所描述的，小组教学的益处源自内容和进程的合并，而且没有什么方法比基于问题的学习能更好地将这两种元素融合在一起。参与者不仅发展了对内容的深层理解，而且发展了一系列与积极学习态度紧密相连的交流沟通和专业技能。因此，基于问题的学习方法是一个高度整合的教育系统，在此，认知内容、专业背景和人际交流相互穿插。其有效性的证据在此之后还会再次被提及。

基于问题的学习中的活动和学习过程

广义的基于问题的学习法包含主动、合作、以学生为中心的学习、伴随着高度积极性的自主学习,学习在交流、实践和提交过程中得以强化。下面列出了在基于问题的学习过程中学生可以完成的一些关键活动和过程,以展示出基于问题的学习所能提供的如此广泛的学习机会。

- 思考:分析、综合、评价、解决问题。
- 激活,评价和利用以前的知识。
- 交流:交谈、讨论、辩论、共鸣、倾听。
- 提问和挑战。
- 想象、建议、假设。
- 合作、协作和分享。
- 负责。
- 自我监督和思考。
- 搜索信息。
- 推进、总结和记录信息。
- 提交。

使用根据学生面临的实际问题和情况构建出来的场景对于学习进程有极深的影响。通过使用场景和相关问题,使得学生分析学习中形成的疑问很快变得具有专业化背景和相关性。场景和问题有着极高的对接有效性。学生为了思考所面临的问题必须得激活先前的学习。这一点被认为是强化了学习(Norman and Schmidt,1992)。另外,学生发觉自己处于一种不确定的状态,这被定义为"认知失调"(Festinger,1957),学生现有的知识基础和意识框架正面临着问题本身以及来自于其他小组成员的知识和经验的挑战。这种状态激发了学习者通过自我导向学习寻找问题的答案来求得意识平衡的积极性。在小组中的合作学习不仅发展了学习者的沟通技巧,开拓了个人对自身优势和劣势的认识视野,而且小组动力和同伴的正面压力使得参与者变得很有动力去完成他们的学习目标。

布鲁克菲尔德(Brookfield,1987)回顾了奠定了基于问题的学习法的认知心理学和成人学习理论的概念:

- 学习者知道他们可能会从努力学习中获得什么。

- 学习者决定了课程和他们学习的进度。
- 学习者感到学习与他们自身的经验相联系。
- 所使用的主题是可以帮助他们更有效地处理日常问题的主题。
- 主题与实际任务和问题相关。
- 学习被视为可以提高工作满意度和自尊。
- 学习结合挑战要素促进批判性分析。
- 学习关注组织和社会需求以及个人的发展。

基于问题的学习同样被描述为"情景学习"的例子(Coles,1991),学习行为产生于相关的情境之中,学生通过观察不同领域知识之间的关系来推敲他们自己的知识。而且,在学习中精心推敲所学的知识表明能够加深回忆(Norman and Schmidt,1992)。基于问题的学习可看作是对于专业化知识需求的回应。传统学习方法通常以陈述性知识或"知道它"的形式出现的对内容的需求为主导。然而,专业知识还对知识过程的获得或者称之为"如何知道的"有进一步的要求。塞巴达(Savin-Baden,2000)指出,基于问题的学习鼓励这两种知识类型的整合,有助于学习者形成多角度的、更宽广的看待问题的视野。

学习的专业化态度

舍恩(Schön)提出的"反思实践者"的概念(Schön,1983)同样包括对陈述性知识和程序性知识的整合。舍恩认为,传统教育强调"技术合理性",学习集中于抽象和形态化的情景,脱离了现实,并由命题知识来主宰。然而,当学习者开始在现实场景中去实践时,才发现自己处于"沼泽低地",才不得不开始在充斥价值和情感的复杂而多变的环境中获取过程性的知识。但在此过程中,他们发现知识(实践中了解到的)通常是隐性的,并不必要建立在权威或合理证据的基础之上。基于问题的学习有助于对知识的专业化态度的发展,并帮助学习者向专业化和专业实践进行转变。

善于思考的学生被鼓励思考他们如何学习(元认知的过程),于是他们常常能够意识到知识不是被给予的,而是主动去构建的。而且,他们可以观察到,获得和深化深层理解的过程是由小组讨论中人与人之间的互动来推进的。更重要的是,他们同样认识到,他们有极大责任通过质疑和自主学习来填平自身意识模型中的沟坎和薄弱之处。这种意识更有可能培养出致力于持续专业发展的终身学习者和反思实践者。

成人学习

基于问题的学习同样符合成人学习的众多特征,以下列出了成人有效学习的条件:
- 通过自发提问题并寻找每个问题的答案来主动学习。
- 整合学习,在真实生活情境中,综合学习各门学科。
- 通过一系列与学习目标相联系的学习体验累积学习,以达到增强熟悉度的目的。这种体验不是那么直接的渐进式,而更为复杂;不具有那么大的威胁性,但又更具有挑战性。
- 学习是为了理解,而不是为了记忆独立片段,通过适当的机会去思考他们的教育经历,联系到对学习内容的运用实践并进行多次反馈。

(改编自 Engel,1991:25)

基于问题的学习的指导教师

基于问题的学习的一个目标就是让学生尽可能长远地规划学习过程。指导教师在其中扮演着非常重要的角色,以至于如果没有适当和敏锐的干预,恐怕基于问题的学习课程就要脱离正轨。为了保证在基于问题的学习中以学生为核心的本质,指导教师应让学生对他们的自主学习负责,并让学生完成大部分工作。同时,指导教师必须监控活动和小组进展,并以建议的形式提供帮助。指导教师是基于问题的学习小组机体的一部分,并要知道小组应该努力的总体方向和推进的目标。指导教师也可能在某些形式的基于问题的学习中,在恰当的时机给小组学习活动添加些内容。指导教师可以通过干预来巧妙地掌控小组前进的特定方向,或鼓励学生在被遗漏的关键地方多提些问题。总体上,指导教师既不提供也不回答有关场景内容的问题。这可能是个很困难、很复杂的活动。基于问题的学习的指导教师需要经过训练和持续性支持以确保他们的角色能够帮助小组进入最佳的工作状态。

正如第三章所提及的,小组教学课程必须对教与学有恰当的和关联的态度。这一点在基于问题的学习指导中更为重要。指导教师尤其要告诉学生他所知道的信息,也应信任学生放手去干。指导教师与小组成员每周最好至少花 2~3 小时一起工作,以建立起更为紧密的关系,这一定会增进更加复杂的师生关系的发展。罗格(Roger,1983)强调教学是一种必然的关系,基于问题的学习的指导教师需要意识到这一点,了解并思考其对自身的影响效果。基于问题的学习的指导教师在学习过程中便与学生成为同伴。他们知道学生的优点和缺点,他们应该去关心小组中每个成员的个人发展。指导教师必须准备暴露自己的无知,要准备好说"我不知道"。在基于问题的学习中,学术、人格和指导的界限变得模糊,指导教师应该在教师、家长、参谋、协调者、顾问、密友和学习者的角色间把握好切换时机。

建设一个基于问题的学习课程

决心转向基于问题的学习课程模式的学校在正式运行之前需要花上 2~3 年时间准备。基于问题的学习对于教与学的理念来说是一次很大的变革,教师需要足够的时间去咨询和培训。即便一个基于问题学习的学校凑齐了全新的员工,这个过程还是至少要花上 2 年的时间。学校应明确课程,并仔细构建有助于学生取得所需的学习成果的场景和问题。教师经过训练,应该成为基于问题的学习的指导者,学生同样需要被引导到基于问题的学习的进程中来。

想尝试通过合并运行基于问题的学习课程与传统课程两个体系,会导致两个体系都出现问题。不论是基于问题的学习的学生会羡慕那些被"喂食"的传统学生,还是传统学生羡慕基于问题的学习的学生所获得的"有趣"和"自由",两个体系的理念是截然不同的,因此,聪明的做法是将他们分离开来。

基于问题的学习有效性的证据

> 基于问题的学习法的麻烦在于你得去学一大堆直到毕业后才用得到的东西。
>
> （来自一个使用基于问题的学习法的学生）

基于问题的学习法现在在全世界很多高等院校中使用,并被很多专业医学和健康科学组织所认可,例如,美国医学学院联合会、医学教育世界联合会、世界健康组织、世界银行和英国国家护理、助产和健康访问协会。然而,基于问题的学习法是如此与众不同,以至于当人们第一次面对它时经常会产生怀疑,因此总是不得不证明其存在的合理性,并展示它的有效性。在这一方面,它是高等教育最热门的研究领域之一。自20世纪90年代初以来,有很多大型研究被推出以及元分析被报道(Albanese and Mitchell, 1993; Berkson, 1993; Vernon and Blake, 1993; Wilkie, 2000; Newman, 2003)。然而,要认识到种类繁多的基于问题的学习类型,简单的比较并不可取。巴洛斯(Barrows, 1986)归纳了6种基于问题的学习类型,而塞芬·巴登(Savin-Baden, 2000)则归纳了5种。

弗农和巴雷克(Vernon and Blake, 1993)总结出,基于问题的学习方法比传统方法更优越。阿尔巴内斯和米切尔(Albanese and Mitchell, 1993)回顾了多年来的文献,认为基于问题的学习让人更快乐,基于问题的学习的学生在临床检查和能力评价方面表现得同等或更好些。基于问题的学习的毕业生有更好的沟通力,并更愿意致力于持续性的专业发展。然而,基于问题学习的学生可能也出现在基础知识测试中分数更低的情况,他们也觉得没准备好。另外,他们在临床推理方面也会有些问题。博克森(Berkson, 1993)证实,基于问题学习的毕业生与他们的传统方式下的伙伴难以区分。同时,博克森同意阿尔巴内斯和米切尔的说法,那就是当用于教育100名以上的学生时,基于问题的学习法很费钱。

基于问题学习的学生的基础知识缺口和获取错误知识的可能性是个重要的问题,但关键在于:这是否要紧?事实上,通过传统方式教出来的学生在考试中也不是都能得100分,这说明他们同样有知识缺口。同样的事实是，教师即便站出来面面俱到地进行传统讲授，也不能保证学生会学到所有知识。另外，有证据表明，医学课上教的大量基础知识，在临床实践中并不需要，甚至被执业者认定为不相关的知识(Clack,1994)。

在基于问题的学习法中，相比取得必要的、过于完整的事实知识，更重要的是发展学生对于学习的态度和他们对自身优缺点的评价。学生应该被鼓励相互诚实，挑战别人的知识，并在他们发现是错的或不知道时勇于承认。学生应该意识到知识的内在属性，事实知识可以通过很多机会从不同角度和不同背景下获得，那种认为知识是靠索取的和一次性记忆的想法是不现实的。

不同学科举例

以下是一些来自不同学科的基于问题学习的场景举例。

护理

赛迪胡(Sandhu)女士，一位40岁的锡克教女性进入了病房，她在18个月前曾被诊断为乳腺癌，而后又发展成向肝脏和骨头转移。她很瘦，脱水，很疼痛并且呻吟。她由其姐姐和12岁的长女陪同，她的丈夫在家照顾他们另一个5岁大的女儿。

电子工程

某大学已决定在学校新的游泳池举办一场面向所有院系的游泳比赛，不是花钱请外面的人来提供计时设备，而是由电子工程系的教师指导高年级学生来设计、建造并安装计时设备。

社会工作

邻居叫警察来到怀特(White)先生的房子，该房子住着怀特这位失业的30岁劳动者与他的伴侣，以及她另外家庭关系带过来的3个孩子，分别是3岁的伯纳(Ponna)、5岁的凯利(Kylie)和11岁的韦恩(Wayne)。怀特先生重度吸食大麻，曾治疗过抑郁症，有过对伴侣的暴力史，他的伴侣不得不很多次躲入女性庇护所。最年长的男孩韦恩，最近被警察抓到正在偷窃停着的轿车。三个孩子过去都是由家庭照料。与此同时，怀特先生还严重地袭击了他的伴侣，致使她被送到医院，诊断是颅骨骨折。警方逮捕了怀特先生，并考虑他是否应该在精神康复法案判定下被隔离。一位女警员照顾孩子，直到社工来到。

经济学

范长文(Van Tran)是一个15岁的越南男孩，在一个工厂里工作，制造出口给美国的运动鞋。他每天工作9个小时，每周工作6天，能赚12美元，这几乎是当地平均工资的2倍。他的手很多次受了伤，但他的经理只是给他进行了包扎，并把他送回去工作。他父亲觉得他赚得还可以，希望他的工作能继续下去，因为可以帮助支撑整个家庭。他很担心，有传言说工厂可能要关闭了，因为在美国有一场抵制运动鞋的运动。

扩展阅读

[1] Boud, D. and Feletti, G. (1997) *The Challenge of Problem Based Learning*, 2nd edn, London: Kogan Page.

[2] Savin-Baden, M. (2000) *Problem-based Learning in Higher Education: Untold Stories*, Buckingham: Society for Research in Higher Education and Open University Press.

[3] Wilkie, K. (2000) "The nature of problem-based learning", in S. Glen and K. Wilkie (eds) *Problem-based Learning in Nursing*, London: Macmillan Press.

有用的网址

http://www1.udel.edu/pbl/others.html

第六章 学生主导的研讨会和无教师的指导会

为什么要让学生主导？

在小组教学中,希望采取以学生为核心和合作学习方法的原因有很多,一些是出于实际需要,而其他则源于教育原则和支持专业发展以及鼓励终身学习的需求。

学生人数在与日俱增,而资源和资金却没有跟上,因此鼓励和支持学生相互学习的益处是明显的。高等教育的目标是使学生拥有与时俱进的和在毕业之后继续独立学习的能力。而这种能力的形成,大多数情况下是发生在非正式的通过朋友和同事的帮助和指导的学习过程中,而非参加正式课程和训练项目(Boud et al., 2001)。因此,由学生主导和学生互相指导的方法有助于发展合作学习的技能和满足学生将来的需求。

同样有证据显示,合作学习可以改善学生的学习和成就,约翰逊(Johnson, 1985)通过近百项合作学习的研究结果总结出,大体上有以下几个特征或许有助于改善学生的表现和成就:

- 高质量的因果关系策略;
- 冲突的建设性管理;
- 更复杂的信息处理;
- 更强大的来自同伴的规范和鼓励;
- 学习中更多主动的共同投入;

- 不同水平学生的有益互动；
- 感受到支持和心理接受；
- 对于学科更正面的态度；
- 更强地感受到分数的公平性。

菲尔阙科弗(Falchikov,2001)同样描述了合作性电子网络学习在提升学生的自尊、主动性、出勤率、完成率和对所经历的选题及组织的喜好方面所达到的正面效应。

然而,也有研究证据表明,通过互相指导能够使指导者比被指导者获得的更多(Bargh and Schul,1980;Annis,1983)。因此,"如果你真懂得某个事物,那么尝试着去把它教给别人吧"这个想法破壳而出了。本章后部分还将考虑到这种方式对被指导者或未参与的学生的好处。

在本章,我们探索在小组教学设置中对以学生为核心的学习方法的使用,有一系列方法,包括在教师研讨会计划中,学生被要求准备和提交供课堂讨论的选题。这些由学生进行课堂展示的结果常常被认定是学生主导的研讨会。

沿着这个趋势走下去的一端是在小组教学课程中,指导教师完全不出席,但他必须提供框架、结构、焦点(和资源)来支持有益的共同合作。这些课程可以被称作无教师的指导会、学生学习小组、基地小组、互相学习小组,等等。

而这个趋势的另一端则是由学生组织和引导的小组,学生被要求或自发决定在得到很少或没有教师指导的情况下,形成他们的合作学习。这种小组可以被看作学习小组或单纯由学生支持的小组。

学监

当一个学习小组有着不同水平层次的学生时,更有经验的学生则有了特别的角色,可以指导或支持其他经验少一些的同伴,这样的小组可以被看作是学习监督小组,而学生监督者被称作学监或同伴顾问。有一种相关的方法被看作是补充指导:邀请二年级志愿者指导一年级学生,并帮助他们在每周1小时的课程中从他们自己的讲演和课程中学习。由于补充指导体系通常运行于内容繁重和强化的课程中，像医学和工程学，因此补充指导者并不介绍新的内容，只是帮助一年级学生，使他们有所感悟，并帮他们建立起他们在讲座中应该建立起来的理解。二年级学生按角色所需来训练组织机制和学习策略。据报道，补充指导能改善学生的表现、发展一系列学习技巧和认知技巧以及减少辍学率。

学生展示和学生主导的研讨会

研讨课上最常用的方法之一就是请一位、一对儿或一组学生准备一个关于阅读材料或课堂讨论专题的简短的(5~15分钟)展示。学生对于所要准备的课题选择有限，并且提前便很清楚地知道他们各自的任务。在某些课程中，可能在学期一开始就已经给出了研讨会清单和分配的题目。一种标准的方法是学生展示好之后，整个小组开始对关键问题进行讨论，指导教师经常通过提出一个或更多有关该展示的问题来定位讨论的焦点。有一种稍作变通的方法，就是把班级分成若干个4~5人的小组，讨论某个问题或最初由学生展示引出的特定的问题，然后再向整个班级反馈他们的意见。

指导教师可以通过选择提问的方式来简单检查一下那些没做展示的学生是否跟上并理解了该展示。这些问题还可以有更多针对性的目的，比如，

- 帮助填补展示中未涉及的课题或遗漏之处；
- 纠正讨论中的错误和误解；
- 拓展、推断、深度思考展示者提出的关键问题；
- 提出其他方法或不同解读，并与那些已做展示的内容进行比较。

小组跟进讨论可以帮助指导教师减少传统的学生引导的研究会出现的困难：主导研讨会的学生在课堂上很投入，准备得很充分；而那些不展示的学生可能就背离他们的责任，被动参与，不像是其中成员，反倒像个观众。

鼓励所有学生为学生主导的研讨会做准备

一些指导教师要求课堂上的所有学生都进行准备,就如同他们都将要主导研讨会一样。在课程开始时,随机选两名学生这么做。在这种情况下,所有学生会为所有的课做好基础性的准备,而不是只有一部分学生做充分准备。比如,所有学生被指定做阅读,上台提出6个问题,并准备一个有关的核心发现或问题的简要陈词。

有一种可供选择的策略是,事先挑选研讨会的主导者,他们被要求深度且详尽地做准备,而无展示的学生可做负担更轻和更浅显层次的准备,例如,只是阅读核心文章或段落。这样,学生在课程中就有了"相对繁重"和"轻松一些"的一个星期。对策略的选择主要基于学生在学习中的总体工作负荷和态度,以及学术模块领导的偏好。

将不展示的人也容纳进来

对于希望鼓励所有学生在课堂上都踊跃参与的指导教师来说,这里有一些可行的教与学策略。指导教师可以为做展示的学生做一些指导。

主持研讨会和讨论

学生结对

学生结成对子主持研讨会,一个作为展示者,一个作为指导者(指导者的工作就是加入到同伴的课题讨论中)。在指导教师的指导下,结成的对子要一同准备研讨会(这并不一定要求面对面,可以使用虚拟的方式,如电子邮件或讨论版)。在计划中,学生需要思考如何同其他同伴接轨,并一起投入更深层次的讨论、分析和评价中去(可以请学生阅读下一个部分来帮助他们完成这个角色和任务)。

辩论

辩论之所以是可能的，因为有可能会存在两种极端观点，两种理论、解答方法或值得争论的思想，两种历史或政治解读，两种实验模型或数学方法比较和对照等。如果提交的课题本身就导致了辩论和争议，那么是很有趣的。还没提交陈述的学生可能被给予某个观点或立场作为支撑，在提交陈述前，要准备好辩词和证据。陈词者有时可能会想通过增加一些文章或资料来更有效地支持这个进程。陈词过后，两组学生可以一起发展案例。研讨会的最后一部分是辩论本身，两边都推进其自身的观点。指导教师可以扮演主持者的角色来掌控该讨论，或者成为调解人来缓和争论。如果适宜的话，指导教师可以组织学生投票决定到底哪一边取胜了，或者由学生自己来做决定。这个决定结果可以发生在研讨会上或接下来的课堂讨论会交换意见时，或者通过一封电子邮件列明。辩论主题可以发生多种变化调整。这是一种较好的方法，只要稍作思考，就可以适用于量化或质化的学科。

运用提问来强化讨论

将班级分为2组、3组或4组，并向小组提出一个问题或最好是几个问题，给他们足够的工作时间，然后让每个小组轮流回答一个问题。指导教师可以请小组发言人解释他们组的答案。如果想快些，可以稍作变动，指导教师先在黑板上清楚地写下问题，然后让学生在下面写下他们达成统一意见的答案。

触发讨论

指导教师可以发给学生一份简报，让他们思考后，请他们表述简报说了什么内容，为什么有趣，指导教师以及重要性和相关性等。很多种介质，像杂志文章、艺术作品、诗歌、演示、音乐、一小段视频剪辑等都可以使用。

运用个人故事、背景和案例学习

通过引入性介绍，解释了相关情况和背景（历史的、政治的、社会的、科学的、医学的或是任意类型的）后，学生可以用对有关个人的经历、观点的解释来说明学习要点。故事可以来自自传、文学作品、网络、调查研究、公开发表的案例及个人经历。匿名叙述可以是真实和虚构的结合，或者可以修改真实的一部分以使其更适用于课堂。相同的故事可以在课上根据不同的任务和要求，通过不同的提问方式，让学生去处理和思考。比如："你们会在此时做些什么？""有什么别的选择吗？""你们认为接下来会发生什么呢？""为什么会发生呢？"

使用问卷

问卷可以用作热身活动，提醒学生先前讨论过的内容，并帮助他们重新关注今天的课题。学生往往都很喜欢问卷，因为与"试卷"相比，问卷会使他们感到更"轻松"，而达成的目的或效果其实是一样的。

有各式各样的问卷：

- 指导教师提出问题，每个学生写一些内容，公布答案，学生交换答案纸并相互评价。
- 指导教师提出问题，各组学生讨论得出一致观点后合并写下，小组间交换答题纸并相互评价。
- 指导教师提出问题，各组由小组发言人代表本组进行口头回答，答对的得分，答错的扣分，然后提问其他组。这种方法具有"正能量"，但需要密切把控，以保证大家学到了东西。
- 指导教师将问题列在问题纸上，有判断类型或多选类型，问题纸可用于小组或个人。整个班级可以有选择性地围绕一套问卷中的问题进行组织。在小组中工作的学生可以被要求合作回答这些问题，然后在课堂上集体讨论这些问题的答案。使用这种形式提出的问题可以有一系列不同的答案，而不是简单的"错"与"对"。

学习小组

指导教师通常会建立"学习小组"并将其作为课程的一个组成部分，还会为所涉及的与课程有关的问题建立一个论坛。事实上，学习小组中成员的关系也是课程的一项要求。指导教师乐于指定个人到特定的学习小组中，从而平衡并鼓励拥有不同背景、经历、性别、文化等的成员相互融合。

随后是小组讨论，由学生自己以半自治的形式开展。指导教师可以指导学生如何去做，并提出让所有小组成员都参与其中的任务。指导教师应与小组保持常规接触，对其进行监督并适时地鼓励他们，同时也要与小组保持一定距离,比如可以使用电子邮件与小组进行沟通。

学生个体与学习小组发生了一定的联系,从而使个人获益,比如得到支持、树立信心、分享想法,同样也会产生强大的学术收益。学习小组可以提供一个论坛,在此学生可以在一个宽松的、支持性的环境中探索他们的学科知识,因此,学生也更愿意"接受风险"——去进行更深层次的对问题和概念的讨论。学生还可以发展一些专业技能,如运行和讨论小组会议,记录决议和成果,学会跨越文化、语言、性别合作共事等。

如果学习小组中的成员可以共有一个普遍目标,并为了完成合作型任务或活动而共同努力,那么学习小组就能够产生一定凝聚力。这些都为将来合做报告、小组陈词或学习小组的网页产品制作做好了准备。

为课程建立学习小组有以下一些建议:

- 学习小组小型化(5~8人)。
- 在早期,给学习小组安排特别任务使其合作完成,这样可以使小组成员产生共同信念和存在理由。
- 对学习小组的会面地点和会面频率给出指导。
- 对学习小组的成员如何建立共事的背景规则给出指导。
- 要求学习小组保持记录,并商议推出一个小组信任人选,指导教师可以通过与此人简单交流和沟通来监督小组。
- 如有可能,对学生进行评价,以检验学生在学习小组中是否扮演了积极的角色,并鼓励他们对自身的贡献进行反思,比如写与重要事件相关的反思和评价的学习日志或日记。

学习交换

你拍一下我的后背,我就和你一起玩球。

一组学生可以通过一起工作来调查和研究广泛的课题。每个人研究一个方面,然后把自己研究的方面与同伴分享,同伴也以同样的方式进行分享。

在合作小组中,这种交换可以是非正式和私密些的,或者更像一次活动和模拟的小型会议(Sampson and Cohen,2001)。学生也可以被要求正式分享各自的发现,运用口头陈述,并相互提供简短的报告副本。这种交换也可以选择以虚拟的方式进行,学生将他们的手写报告利用虚拟的学习环境,如网络平台或网页,投到在线讨论论坛,然后小组使用讨论板来发出和接受回复,并相互提问和回答问题(进一步讨论虚拟学习环境,请参考第八章)。

也可以通过建立支持小组来形成同伴间的反馈,学生可以通过相互帮助来发展他们的"写作技巧",这也有利于发展他们的人际沟通能力。在支持小组中,可以预先设定对话,如对于每一份写作布置,可以要求学生3人一组,每组举行3次会议。

- 第一次会议:第1周——根据主题讨论最初计划,并帮助撰写者明确要点。
- 第二次会议:第3周——在写完初稿后,会议讨论草稿达到了怎样的深度,并讨论撰写者所谈及的所有问题。
- 第三次会议:布置的任务经指导教师评价后,与支持小组成员会面,说明取得的成果、学到的知识以及现在所做的部分对将来布置的任务所产生的意义。

学生可以使用学习日志将小组对话如何支持他发展了写作技巧记录下来。这样一份日志同样可以为其他小组成员提供一种有价值的反馈。这种方法由达莲娜·吉尔平(Dr Arlene Gilpin)及其同事提出。

不同学科举例

戏剧学中由学生主导的研讨会

什么是由学生主导的研讨会?由学生主导的研讨会并不是一个教学场所,而是一个为了交流检验思想而供学生讨论、辩论的场所。这个场所是用于讨论与影视相关的思想、问题和事件的。第一次研讨会之后,讨论就不再由指导教师主导,而是由一小组学生主导。

小组如何形成?在模块的第一次研讨会时,指导教师就会把学生分组。这些小组将一起研究并组织一次由学生主导的研讨会。所以学生要思考的不仅是要与谁相处,还考虑如何能更方便地接触到其他成员。

小组该做什么?主导研讨会的小组将对研讨会负责。这包括调研一个课题,设置那个课题的研讨会讨论日程表,计划研讨会的安排和当天的运作。

主导一次研讨会的任务不是做一次优雅的公众演讲或读一篇文章,而是预先做好准备工作来选定整个研讨会所涉及的议题或问题。

小组该如何推进?那将是学生的任务,要在开研讨会之前通过几次会面来完成以下任务:

- 分配任务——比如分配阅读、影印制作、监测等任务。
- 汇聚思想,决定讨论议题日程和研讨会的安排。
- 决定如何组织当天的研讨会,如何发起讨论前活动,如何最佳地主持整个小组讨论。

负责研讨会的小组该如何主持讨论?该小组将先介绍研讨会。由主持的学生来发起、反馈和干预组中其他成员。如果指导教师在场,尤其是指导教师如果坐在一个显眼的位置,研讨会成员可能会有请指导教师发表评价的想法。如果讨论属于整个小组,那么指导教师要避免再一次进入教学角色,并且要避免涉及刚才所提到的各项工作。主导讨论的技巧在于逐渐将小组中其他成员拉进来,这样大家就可以相互交谈,而不是仅仅通过主持人来进行沟通。如果讨论变得很热烈,有人想发言,却无法被倾听时,作为讨论主导者的主持人,就要设法给那个人说话的机会。

如何开启讨论呢?有很多组织整个小组开展研讨会的方法,而你需要的就是思考一下你的策略,比如:

- 围绕关键想法或写在白板上的整个小组的问题展开头脑风暴(写下尽量多的想法)。
- 作为热身,将研讨会分成小型组,先讨论问题,然后进行音像剪辑或批判性引述。
- 对某个事件推出两个对立观点,引导整个小组加入辩论。
- 请大家自由选择要推进的重要想法、问题等。

主导者可能想以小型组作为开始,然后加入一个或更多小组讨论;也可能想对设置日程安排提出很重要的想法或信息,或很想与其他小组成员分享自己的观点,但得在几分钟内找对方法做到这一点。主导者可能觉得为整个组影印集体或个人的立场观点或小组的相关引用是节省时间的;他/她可能想使用音像剪辑,这样的话得确保在研讨会前给予音像提示(标准的、剪辑过的,而不是冗长的放映)。主导者可能想在白板上写出要提的问题,这样的话就要早些到达研讨会。

法学中由学生主导的研讨会

教学的资源减少了,但是学习的需求增加了。我们如何能在资源减少的情况下给学生提供更丰富的教育体验?越来越少的资源可以支持小组指导会,要么减少其使用频率,要么增大它的规模,但任何一种方式都将减少个体学生获得的潜在价值。为了应对这个危机,同样也是为了找机会给学生拓展他们的人际和诠释技巧,由学生主导的指导会在 1996—1997 年被推介到法学院法学教师的刑法课程中。鼓励每个指导小组带着他们的详细工作表在由指导教师主导的指导会前碰面。他们推选一个主持人,分配下一次指导会工作的基本责任,讨论并准备即将到来的指导教师主导的课。约有一半的学生主导的研讨会在课程结束前就不再会面了,尽管那些保持会面的人认为继续会面很有价值。问题是学生没有一个成功的学生主导的研讨会的参照模型,也无法马上体会到所有的好处,尤其是在主持中所发展的诠释技巧。因此,南安普顿大学的教学支持和媒介研究音像部制作了一个提供支持材料的视频,里面有学生主导的研讨会和教师主导的研讨会的学生会议情况。根据指导教师提供的问题,学生思考、辩论、相互讨论和学习。他们共同参与委派、支持、鼓励,并向参与不积极的伙伴施加压力。他们在主持等活动中获取有价值的经验和技巧。正如职业顾问和雇主在视频中所评价的那样,面试者寻求的技巧和经验将在学生主导的指导会上得以获取和磨炼。该视频为学生提供了一个模板,帮助他们了解:学生主导的研讨会是什么;学生该如何工作;为什么这些是有价值的。正如学生和指导教师在视频中评价的那样,学生主导的研讨会使学生积累了丰富的学习经验,从而使得教师主导的研讨会更有效果和效率。当然,研讨会中所讨论的刑法案例对于其他学科的小组教学同样有借鉴价值。

哲学学科的学监课

一个有大约 12 位大学一年级学生参与的小组参加一次学监课。该学监课由大学三年级学生主导,这些课程的目的就是为大学一年级学生提供辅助的结构性指导。在学监课上,大学一年级的学生被鼓励参与与最近课程相关的一系列问题。学监们通过注册三年级自选模块"学监"来取得学分,通过笔试进行评价。该笔试要求学监回答 3~6 个问题场景,回答基于他们的学监经历,并反映他们的角色和他们所获得的锻炼[这一部分来自利兹大学的海耶尔和法内尔(Hayler and Funnel,1998)汇报的工作]。

统计学报告

在我所探索的教学策略中,小组报告事实上是最成功的。该策略就是向每个小组提供同样一套数据和不同任务(在此情况下会发生全面数据调查),或相同任务和不同的数据。每个组研究数据,并在课堂的最后 5 分钟向小组汇报他们的小课题、他们使用的技能以及他们的发现。

(Bramley,1996:75)

一个值得关注的故事

我非常不喜欢那些指导会,那个人进来坐下,让一个学生站起来到黑板上做题,通常他会叫不会做的学生去做。我认为这样非常不好,因为被叫去做题的人在黑板前停滞了,并且看起来很傻。我认为如果有这么个人这样对我,我是不会上去的。因为我要花相当长时间做题。如果上某门课感觉非常不愉快,我便会失去兴趣。

(一个学物理的学生:Ramsden,1984:198)

 扩展阅读

[1] Boud, D., Cohen, R. and Sampson, J. (2001) *Peer Learn-*

ing in Higher Education: Learning from and with each other, London: Kogan Page.

[2] Falchikov, N. (2001) Learning Together: Peer Tutoring in Higher Education, London: Routledge/Falmer.

[3] Slavin, R., Sharon, S., Kagan, S., Hertz-Lazarowitz, R., Webb, C. and Schmuck, R. (eds) (1985) Learning to Cooperate, Cooperation to Learn, New York and London: Plenum Press.

2 有用的网址

http://www.umkc.edu/centers/cad/si/sidocs/siartdex.html

第七章 在小组教学中习得技能

导言

在本章,我们希望通过展示如何开展小组教学来发展一系列国家认可的关键技能,来满足履职能力。我们尤其希望为特殊认知教学或实践技能提供一个框架。我们将构建关键技能和胜任力框架,然后考虑小组教学如何帮助完成它,随后会提供有关实践技能过程的要求和教学框架。

关键技能

我们推荐高等院校从一开始便为每一个它们提供的项目建立一个"项目要求",明确以下形式的潜在的驻足点和预期目标:
- 学生完成任务所需的必要知识和理解层次;
- 关键技能:交流、数学基础、信息技术的使用以及学会如何学习;
- 认知技能,比如方法论的理解或批判分析力;
- 学科特殊技能,如实验能力。

很多证据表明,高等教育能为一系列技能提供更进一步的发展,包括我们所定义的交流的关键技能（包括口头交流和书面交流）、数学基础、信息技术的运用以及学会如何学习。我们认为这些是所有高等教育课程的必要目标。

（迪尔英报告，1997：第9章，53段）

上述的一系列关键技能，已由英国资格与课程局（Qualifications and Curriculum Authority, QCA）进行详细说明，重点归纳为以下六个方面：

- 交流；
- 数学知识的运用；
- 信息技术的应用；
- 合作；
- 提高自我学习和表现；
- 解决问题。

前三项关键技能被英国政府给予重点强调。更多相关信息可在QCA网站上获得（http://www.qca.org.uk）。

每一项QCA关键技能都详细分为四个层级，分层具有以下特征：

- 增加的技术需求；
- 增加的内容复杂性；
- 增加的自主性；
- 增加的对过程的关注；
- 总结和批判评估。

比如，在第一层级，学生可能仅在一个简单的任务中被要求去跟进明确的指示，而在第四层级，他/她可能得负责一个复杂和长期的项目。

履职能力

对于关键技能的需求促成了所谓的"履职能力"，对于大多数雇主而言，他们觉得以下履职能力是职工必须具备的：

- 有效交流和人际沟通能力；
- 分析、批判和综合能力；

- 团队合作能力;
- 问题解决能力;
- 创新能力;
- 自我组织能力;
- 时间管理能力;
- 适应性和灵活性。

另外,还有其他一些技能可以称为专业技能,在反思性实践和继续教育中常常涉及。履职能力被看作与终身学习的态度有关。

小组教学如何帮助个体获取关键技能和履职能力

正如前章所述,小组教学的性质是致力于过程,并发展出大量"关键技能"和"履职技能",下面我们将这些技能列出,并给出具体详述章节的索引。

- 交流技能:第一章,第六章。
- 团队合作:第一章,第五章。
- 运用和解决问题:第五章,第十一章。
- 陈词演讲:第一章,第六章,第十一章。
- 评价:第一章,第八章,第十一章。
- 元认知:第五章。
- 反馈:第五章,第十章,第十一章。
- 个人发展:第五章。

教学实践技能

在高等教育中,许多学科要求学习者实践和掌握很多操控技术,并学会使用设备和器械。科学、环境和工程类学科都有对更广泛领域的不断增加的精密设备的使用要求。在医学和健康领域,医生、牙医和理疗师必须学会为病人提供安全且有耐心的临床技能服务。这些实践技能通常被认为是认知的技能(Simpson,1966)。因为它们包含

调节肌肉运动序列的获得。对于学习实践技能来说,小组教学是一个理想的教学手段,因为它可以让教师使用简单的演示技能,运用恰当的方式进行描述,给出重要反馈,让学习者在初学者群体中学习,并相互学习。

小组教学的指导教师需要意识到,有很多理论框架被推出,并帮助理解如何去获得认知技能;另外,也有很多推荐的流程被开发出来,以便优化认知技能的学习。

认知领域

辛普森(Simpson,1966)定义了学习者达到最高层次技能所需要经历的七个层级:

- 第一、第二层级包括"感知",学习者仅需根据感知线索,确定是否需要执行某个技能。等学习者觉得准备好行动了,就可以开始。
- 第三、第四层级包括"指导性反应",当技能得以演示之后即刻执行;这两个层级还含有"机械化",此时技能开始变成了习惯。
- 第五层级,或者说是"复杂全面性反应",特点是准确、有效地运用技能。
- 第六层级,或者称之为"适应",技能得以在内部融会贯通,可以应用于不同内容和情况。
- 第七层级,或者称之为"创新阶段",包括对新技能的创新性发展。

费兹和波森(Fitts and Posner,1967)将形成上述七个层级技能的过程归纳为三个阶段:

- 学习技能时的认知阶段;
- 当行动成为技能时的联系阶段;
- 当技能完全自主且被不加思索地运用时的自动化阶段。

该过程被米勒(Miller)描述为从"理解"到"实施"的过程,该过程在医学教育界被广泛应用于临床学习阶段,并用于判断工作胜任程度(Miller,1990)。

- 实施：在工作条件下是一个称职的、独立的实施者。
- "如何"表现：在受控条件下能演示基本技能。
- 知道"怎样"：知道怎样实施一个技能，并予以实践。
- 知道"什么"：知道关于一项技能的知识，但还未实践。

有一种更为综合的分析是本纳（Benner，1984）在她有关护理实践的书《从初学者到专家》（*From Novice to Expert*）中提出的。尽管书中更多的是关于医院临床的实践，而不是单纯技能，但其仍在知识、态度与技能在专业实践领域相整合这一点上提供了有用的框架。本纳认为，学习者可识别的基础过程是从对抽象理论的依赖和基于规则的行动，到基于个人经验的增加，并在实践中运用。以下是本纳提出的成功的学习者所经历的五个阶段：

- 初学者；
- 进阶的初学者；
- 胜任；
- 卓有成效；
- 专家。

所有这些框架都分享了很多常识概念，尤其进步的地方在于从单纯认知到通过各种层次的实践和基本胜任，再到掌控。然而，技能要求明显有个很强烈的感知和态度的部分。因此，意识到原因和价值对于形成技能所要求的纯物理过程是十分重要的。尽管反复精心模仿和实践都需要技巧，但其最终会变得内化和自主化，并会根据不同情况、条件而进行调整。下面部分将讨论专家在教授初学者认知技能时所产生的问题。

教授技能的方法

指导教师（或专家）在教授一项技能的时候可能会遇到一些问题，因为一种已成为内化程序的，能顺畅、自如、有效应用的技能，很难拆分为部分。如果初学者有需要，那么指导教师就要不断提高分解一项技能的能力，这也是指导教师应该拥有的最重要的技能之一。建立在早先所提出的框架基础上，一些已尝试和被测试的认知技能也在不断发展。首先，认知技能学习的原则被讨论；其次，建立于其上的五步训练模型被提出(George and Doto,2001)。

概念化

初学者应该在学习实践技能前,花些时间了解感知和态度部分,这给那些困难和富有挑战性的活动提供了激励和动力。指导教师应解释学习技能的必要性,而原因就在于它的重要性、相关性和有用性。学习者应意识到该技能的难易程度,大概需要多少努力和练习才能达到一个胜任的层次。在学习实践技能的过程中,有关健康和安全,以及对适时预警的使用问题必须得引起注意。在运用于病人的实践技能方面,要重点关注态度、道德和沟通问题。

视觉化

学习者应该能够在正常时间内看到由指导教师(或专家)做的整个技能展示。演示者在这个阶段不需要提供任何有关该过程的口头解释,这样演示就不会被放慢,从而使学习者在内心重构了对于预期演示的一种呈现。所有设备应该可用,参与者要对过程有个清晰的思路。

口头化

演示和解释的同时运用该技能。此时指导教师将该技能进行分解的能力变得很有必要。指导教师应尽量站在初学者的角度,去感知他们可能面临的认知和操作问题。指导教师不仅要负责解释该过程,还要鼓励初学者试着口述发生的过程。他们的口头表达将有助于内化意识的形成。

实践

初学者应该去实践技能,由指导教师来判断一项技能是否是时候被实践了。一旦碰到更为复杂的技能,就将其拆分为若干部分,实践的量将依据技能的复杂程度而定。最终,所有的部分将被整合,而这个进程需要进行有效的管理。

反馈

认知技能教学中这一极为重要的部分依赖于指导教师给予初学者帮助和指导的能力。同样,在此指导教师与学习者产生共鸣,并融入他们的思路中。反馈应该是去鼓励正确的行动。

技能掌握

这个阶段发生在大量实践之后,学习者被允许向指导教师演示他们已经达到操作要求的某个特定阶段。

技能自主

这个阶段包括独立实践,这意味着学习者可以如意料之中地在现实环境中实施该技能,而且不会出错。

技能教学五步模型

使用以上框架可以发展并应用于模拟任何技能的基础体系。乔治和杜图(George and Doto,2001)列出了技能教学的五个步骤。

第一步

介绍和概述将要教授的技能;通过提问来激活之前学过的知识或技能;解释为什么该技能是必需的以及它的相关性和用处;说明需要多少时间和实践活动才能掌握该技能;告知将要发生的活动。

第二步

准确演示该技能,演示过程中不进行口头评价。

第三步

重复演示,这次演示要将该技能拆分为若干部分,并解释每个部分的活动,鼓励学生提问,确保他们理解所发生的事情。

第四步

要求学生向指导教师展示其在每个步骤要完成的内容的技能,指导教师可以向学生提问,以确保学生理解该过程;指导教师也可以请学生清晰准确地介绍习得的技能。

第五步

学生自己实践该技能,指导教师负责对他们的操作和进程进行评价并反馈。尽管这个过程看起来过于正式,但是按此操作,学习者将会在实际操作时,对实践技能的内容有一个更好的把握。

 扩展阅读

Burke, J. (ed.)(1989) *Competency-based Education and Training*, London and New York: Falmer.

第八章　在小组教学中使用计算机信息技术

导言

在高等教育中,不断增强的计算机和信息技术正以各种方式广泛地支持着教学并促进着学习。很多进入高等院校的英国学生通过在学校学的普通课程或之前的经历已经拥有了基本的信息技术技能,他们被期待能在进一步学习中发展该技能。但具体计算机信息技术可用于支持小组教学到什么程度?我们将重新回顾一下小组教学的目标(就如之前提及的),并证明几乎在每种情形下,计算机信息技术都可以支持这些目标的达成。另外,我们需要认识到,现在的计算机信息技术使我们能够从时间和空间上拓展传统小组教学的边界,包括远程学习和非同步论坛。计算机信息技术的使用还可以在管理小组教学、组织班级和给学生提供反馈方面给予教师帮助。

小组教学的目标

在第一章,小组教学的目标被归纳如下:
- 思维发展;
- 思维和专业能力发展;

- 交流技巧的发展；
- 个人成长；
- 专业成长；
- 支持自主；
- 小组工作技能发展；
- 反思实践。

之前传统的小组教学活动往往由一组学生和一个指导教师组成，这种方式能支持上述所有目标。我们可能不会马上联想到如何将计算机引入这种关系中并提供帮助。如果有效地进行小组教学的最重要的条件之一是学生的交流，那么将计算机加入进来，不就制造了交流障碍，并往独立学习的方向推进了吗？个人计算机不就是给个人使用的吗？而小组教学不就是有关小组工作和互动的吗？很明显，为实现上述小组教学的目标，个人计算机的使用方式很重要。

接下来我们试图简要概述计算机技术和信息技术能够支持小组教学的一些方式。

计算机信息技术如何支持小组教学

引入计算机信息技术来支持小组教学有很多原因。以下进行了一些归纳（可以看到，与本章开始"小组教学的目标"中所列的内容有很多重复的部分）：

- 促进深度学习；
- 实践解决问题；
- 发展批判性思考技能；
- 鼓励和增加参与；
- 加入促进讨论与写作的任务；
- 发展转换技能；
- 鼓励小组工作和合作。

坦斯利和布劳森（Tansley and Bryson, 2000）经过增补列出了一些有关虚拟学习的好处，这些好处已经得到了研究者和那些开展在线讨论及研讨会的人的证实，归纳如下：

- 给学生提供机会，按照自身的起点和自己的节奏工作；

- 推动教师从促进教学向促进学习的转换,而不仅仅是提供知识;
- 支持合作和深度学习;
- 鼓励增强学生互动;
- 促进更广泛的参与,减少社会不平等感和不同语言及表达技巧的影响;
- 提供了一个学习和互动的持久记录,可以让学生重新访问、思考和更新。

然而,坦斯利和布劳森也指出,有些学生不满意在线指导,他们认为这种方式使他们失去了与同伴和教师面对面所得到的社会性和教育益处。在考虑用"虚拟研讨会"完全替换"真实的研讨会"的时候,这一点还是要被铭记。

将计算机信息技术应用于小组教学的方式可以归纳为以下六类,尽管明显有一些重叠。

- 资源;
- 互动学习;
- 互动评价;
- 电子沟通;
- 电子文件夹;
- 虚拟学习环境。

资源

小组教学中电子资源基本用于鼓励深度理解、互动、合作学习和讨论。学生可以使用计算机信息技术以各种形式访问大量学习资源和信息,如笔记、工作表、案例学习、基于问题的学习场景、记事本、电子书、数据库、网络链接中的信息和软件等。这些资源可以帮助学生准备课程,因此,可以使其在课堂上与教师和同伴的互动更有效。一些课堂已经建立起可供访问和利用的资源,这可以刺激讨论或提供更多有关问题或案例的数据。在基于问题的学习指导会中,计算机信息技术不仅可以提供场景来开展课程,还可以提供更多关于所要考虑问题的信息。另外,现代计算机信息技术所具有的多媒体属性意味着音像、视频和模拟图像可以顺利地融合到学习资料中,而这又拓宽了可用的资源类型,并使得实践案例和真实案例可以在课堂上可以同时被学生学习和使用。

通过计算机访问这类资源,意味着学生可以以他们自身的进度查看资料,并可随意重放,这增加了小组体验学习的容量,使学生处于与他们的学科相关并有效的刺激、兴奋和有挑战的想象中。

将网络作为一种资源来使用

就互联网上找到的信息的可信度和有效性,可以组织学生在课堂上进行讨论,这可以作为小组教学课程的另一个特征。学生能发展他们所需技能,以便评价通过这种方式收集的信息。

互联网的使用使得剽窃成为高等教育一个突出的问题,在这种背景下,剽窃则成了一个适当而又有益的、可供讨论的话题。

互动学习

使用某个软件构建和组织小组教学是可能的,既可以教授如何使用该软件,又可以将软件作为一个工具来帮助达到其他学习目标。基于"办公软件"程序、数据处理包以及传统计算机辅助学习包可有多种使用方式。学生可以单独工作,然后成立小组来讨论他们的经验、问题和成就;学生也可以选择三三两两地用一台计算机工作,使用程序时交谈互动。在课程结束时,学生可以聚在一起形成一个大组,提出更广泛的问题,并总结他们的发现。

模拟在某些学科中尤为有用。它能使学生抓住动态复杂的关系,也更易于帮助学生理解物理过程和数学及统计学的概念。通过计算机信息技术设置模拟,可以使学生处理更为广泛的问题场景。

比如,在商学院,一种被称作"大总管"的计算机模拟系统用来帮助小组学生以一种复杂的角度去理解宏观经济学变量间的关系。再如,就如何通过提高利率来影响就业率和投资这个问题,学生为他们的"虚拟经济"设定目标并操纵变量,经过几周时间,通过观察和讨论虚拟经济各变量的变化,学生可以得出有关变量之间的关联性。合作学习被鼓励用于计算机模拟和共同制订学习计划。在小组教学模型中,学生被鼓励相互交流他们从模拟情境中学到的内容,并与理论相联系。

互动评价

计算机信息技术可通过在线或专用学习包协助正式计算机辅助评价。学生可以通过完成自测问卷或测试问题来测试自己的理解水平或能力,并为总体评价做好准备。

比如,当学习到"混凝土"时,建筑学学生被要求完成一套计算机多选的期中阶段性练习。学生可以做一次测试题,并记下分数,或者在获得在线回复和回顾最初答案后选择重做测试题。教师在课上可以监控学生的进展,或者使用通过班级测试获得的信息,对学生的进展提供直接回复,并在小组教学课程中提出补救措施或建议。

学生很清楚这种由计算机问卷和在线测试所提供的"自我测试"带来的价值。

问卷测试能帮助我们练习测试的相关内容,这样在真正测试时就能更有信心。

胜过读一本书,更互动,能促使大家思考。

问卷测试能告诉我们哪里错了,以及自己的薄弱点在哪里。

(学生对计算机问卷测试好处的评价。Exley,2001:6)

电子交流

小组教学很强调直接的人际沟通,计算机信息技术使得多选沟通模式成为可能,这可以在时空上使小组教学得以延伸。学生和教师可以通过 E-mail 直接交流,某个课程上的小组学生也可以在讨论室中(同声同步)或通过布告板(非同声同步)互动。

这可以成为小组教学课程的特别结果,也可以通过发起在线虚拟讨论来作为真实小组教学课程的构想,甚至有些特别程序,如 Merlin 系统(由赫尔大学开发)可以向学生提供资源,并管理非同步虚拟讨论小组(见本章最后的案例)。这种形式延伸就是通过使用电话会议或者数码音频会议使得地域上相分离的学习者得以同步讨论。

不同教育策略(例如,工作式学习或问题式学习)可以提供不同的学习框架,也可以支持学生远距离开展工作。

在远程学习中,尽管学生与学生或教师与学生间面对面交流的情形最小化了,但是人际沟通、分析和反馈的益处得以保留下来。远程学习还可以通过个性化设置来满足学生的专业和个人需要,并为各种学习者提供有时间弹性的学习。随着大量成人学习者和业余学生加入高等教育,这种具有弹性的课程设计、指导讨论方法及教师指导越来越成为必需。

随着本科生数量的增多,班级规模增大了,从而给小组教学增大了压力。许多整合的新方法和计算机信息技术的使用可以潜在地弥补由于这种扩张带来的社会凝聚性和互动缺乏的副作用。然而,只有计算机信息技术方法得到发展,并经过周密计划,使得学生可以一起工作并且大家认同这种互动,才能达到这个目标。

电子文件夹

高等教育的学生越来越多地开始使用文件夹来记录学习经历,这种方式同时也提供了复习和思考反馈的证据。电子文件夹只是对这一概念的电子化延伸。当在小组中被整合时,它们可以用来鼓励学生讨论他们的个人经历和个人发展。使某些电子文件夹部分"公共化",可使其被其他学生和教师监控,并通过讨论的方式交流思想。计算机信息技术的使用还可以延伸人际交流的界限。

电子文件夹可以用来支持个性化指导,促进学生个人发展计划(Personal Development Plans,PDPs)或发展进度文件(Progress Development Files,PDFs)。迪尔英报告(1997)推荐学生区域性地使用发展进度文件。

进度文件应包括两个要素:其一是一份学生成果的记录,它有根据组织代表机构设计的通用格式;其二是建立一种学生监控和反馈个人发展的方式。

比如,英国拉夫堡大学的工程学专业"学习和教学支持网络中心"正支持电子化的、被称作"快速"进度文件的 PDF 的发展和传播。学生被要求记录下他们的成果和发展的技能以及其他实践的信息,例如,他们参加的课程模块等。PDF 强调关注学生个体课程活动的最终成果。然而,记录的过程和对个人发展的反思以及持续的专业发展可以通过个人教师和小组教学的形式得到最佳支持。很多部门都在探寻在小组指导框架内整合个人 PDF 的方法,在有效使用文件时提供进度指导和支持,并且监督和评价使用效果。

虚拟学习环境

以上所有描述的体系都可被融入虚拟学习环境中。在虚拟学习环境中,教学信息和资源、论坛、计算机辅助评价和电子文件夹可以被整合到一个完整的课程包中,包括课程表、联系信息等。学生和教师可以从网上访问整个课程的资源。从学生的角度看,虚拟学习环境鼓励了纵向和横向学习整合,学生因能看到"整个构图",而使其学习负有了更多责任感。而从教师的角度看,所有课程资源更容易让小组取得,从而丰富了学习环境。

运行虚拟学习小组

艾尔瓦等(Elwyn et al.,2001)指出了教师该注意的运行虚拟学习小组时可能出现的潜在问题。

技术依托

很明显,要想有效运行虚拟学习小组,成员必须掌握一定的计算机信息技术的基本技能,比如,如何使用一台个人计算机发电子邮件和如何使用互联网。,几乎所有进入了高校的学生都有该技能,但教师还是应格外注意那些需要特别帮助的学生,并确保他们得到恰当的指导。同传统小组教学的学生需要发展他们的口头沟通技巧一样,虚拟学习小组中的学生如果要有效互动和沟通的话,也需要知道如何使用相关技术。

交流中非口头线索的缺失

在传统人际沟通方式下,有80%是非语言的。在虚拟学习小组中,学生通过 E-mail、在讨论室和聊天室进行非同步的交流,几乎没有非语言交流。然而,塞尔蒙(Salmon,1997)找到了一系列可选择的技巧,可以被发展出来用于弥补不能面对面接触的缺憾。学生发展这些技巧需要经历的阶段如表8.1所示。能够意识到虚拟交流技巧可以教授,也可以进一步发展是很重要的。

表 8.1 学生发展虚拟学习小组工作技巧需要经历的阶段

- 第一阶段　获得访问
  可以登录并继续，在指示下发出"加入"信息
- 第二阶段　熟悉在线环境
  拥有基本技能，有信心在小组中收发信息
- 第三阶段　搜寻和提供信息
  有信心运用软件的所有功能，与其他在线的成员自由互发和处理信息
- 第四阶段　构建知识
  内容有助于在线"构建知识"，体现在创造性、主动思考（提出挑战性问题，回复，建议）和互动思考（批判、商议、解释、建议行动）上
- 第五阶段　自主和发展
  负责自身在线学习的持续发展，可以建立和支持自己的虚拟学习小组

使用情感符

情感符（http：//www.computeruser.com/resources/dictionary/emoticons.html）和其他基于文本的变形符号用于非语言沟通，同样可以被纳入 E-mail 和告示中以表达更多的同情、温暖或其他情绪。如果大家之前没看到过这些，请将书顺时旋转 90 度，就会发现这些是由文本想象成的"人脸"的各种表情。

:）快乐的人；

:（悲伤的人；

:-D 大笑的人；

:-）微笑的人；

:-O 惊讶的人。

术语"Netiquette"有时用于描述在线"礼貌"且有效交流所需的技巧和能力（Zimmer and Alexander，1996），其中重要精髓可以归结为一个有关在线"交谈"的问题：

"你会同一个人面对面这么说话，还是将其写在明信片上？"

语言障碍或文化障碍

虚拟学习小组的成员可能有不同的文化背景或者说不同的语言，而这带来了更多的交流问题。如果建立了某种基本规则，那么主要的问题是可以避免的。比如，可以达成一致意见：通用语言是英语，要回避俚语方言，在第一次使用缩写和首字母缩写时要全拼，对特定文

化或社会因素的提及也需要简单解释一下。

非同步互动和同步互动

相比传统小组教学包含着同步交流,虚拟学习小组主要还是由小组成员非同步的、在他觉得合适的时间选择登录(在线交谈是个例外)。这样虽然减少了即时性,但它有助于鼓励更大程度的回复,甚至使得有些在传统小组教学中沉默的人却能对讨论经过一定深思熟虑后做出贡献。

两个班上最安静的学生在虚拟学习小组中却成了明星。我认为这是因为其他同学的给他们的正面反应使他们获得了信心。我注意到他们其中一人,现在尤其喜欢在课堂上交流。我总是可以挑出一些他们在线上虚拟学习小组中说的话,将这些话调入课堂上来讨论。

(来自国际关系学院的一位网络教师)

当很多教师第一次面对在线沟通和讨论板时,他们经常认为只要建立起环境就够了,却不知道为什么学生不愿参与。我要说的与小组一起工作时最重要的一点,就是向学生提供一种激励,不论它是通过评价和得分或是某个学生需要或认同的东西。我发现(或学生发现),每周在某个特定的时间上线一次很有用,因为我们分享了共享白板技术,这有如此新奇的体验,也让学生感到有趣。(共享白板就像活动板或记事本,你在个人计算机上画的内容通过连接同样出现在别的计算机上,而其他人也可以加入到你的笔记或画图中来。)

(来自化学系的一位网络教师)

管理在线讨论

在在线虚拟学习小组中,教师应该让学生自由讨论,还是应该时不时地对他们的讨论进行干预和管理呢?教师可能需要做到如下几点(Shepherd,2003)。

开始设置规则

检查学生对下列几点是否满意:

- 使用软件的方式；
- 在线讨论的题目；
- 新的主题开展的方式；
- 制定的规则和在线行为规范。

开启讨论课题

正如面对面的热烈的讨论一样，在虚拟学习小组中要达到理想的讨论效果也需要有人进行推动。很多学生宁可阅读别人的信息，也不愿亲自去写去发送信息。如果是这样的话，那么该推动机制就未能有效启动。

指导教师可以通过提出所有学生感兴趣或需要理解的课程评价的主题来促进在线交流的使用。

呼吁他们的生活经历、既得利益和雄心壮志。

(W. R. Klemn, 1998)

鼓励学生开启他们自己的讨论

讨论对于解决个别学生的特定诉求和问题是个有用的方法。所以，指导教师可以鼓励学生以这种方式获得同伴的帮助——不过要说明一下，这个不是"作弊"。

重新定向偏离课程的讨论

有时讨论话题可能偏离得太远，使得预定的学习目标不能达成。如果见此情景，指导教师就需要发出信息对讨论稍作重新定位。

总结学习要点

指导教师总结提出的要点和讨论中达成的几个阶段的结论是很有好处的。指导教师也可以借此机会重新调整讨论的导向，如果讨论本身已经进行得很顺利，那就让它顺利结束。

迅速行动,阻止不恰当的沟通

有时之前建立的讨论规则会被打破,可能是讨论变得过于热烈,或不再敏感,或使用了过激的语言,学生会期待指导教师行动起来补救局面。这都归因于之前制定的规则,如果规则被打破,指导教师应该迅速行动起来解决问题。

在面对面的情况下,在公众场合惩罚别人是不恰当的,应使用私信、电话或最好面谈的方式来直接处理涉及的任何学生的问题。

剔除无用课题

指导教师只需为学生保留将来对其有用的信息作为他们的文档。随着讨论的继续,没用的信息就可以删除了。

要求参与

凯尔门(W. R. Klemn)在谈及支持虚拟网络设备的Blackboard公司(http：//www.blackboard.com)时提到：

不要让在线讨论成为可选项,必须留出一部分分数分配于在线讨论,告诉学生他们必须交出一定数量的主题作业,每周一个主题。持反对态度的人可能要说这种方式无助于确保作业的质量,但至少学生参与了,他们一旦置身于该活动中,就有希望会改善相关态度和工作的质量,因为他们现在在表现,他们不再隐藏。对于很多学生来说,做他们认为毫无价值的作业令人难堪。作为另一个能有效刺激有质量的工作的方式,就是指导教师可以使用清楚、透明、公开的评价来对收到的作业进行评级和排列。

做一名在线虚拟教师

瑞安第(Ryan et al.,2000)认为,在线教师作为教育指导者,贡献特定的知识和观点,关注关键问题的讨论,提问并回答学生的问题,组织公正的评价,并对收集到的学生的各种观点加以综合归纳。所有这些看起来很眼熟,其反映了面对面教师的角色特点。巴克(Barker,

2002)认为,该角色的职能可以更宽广些,并包含精神指导和评价。

很多高等教育和继续教育的教师都会被要求扮演在线虚拟教师的角色。如果有必要,学校需要对教师的网络操作技能进行培训提升,并设计出更合适的网络设备,来支持小组教学的实践。

不同学科举例

IT模块的小组工作

学生使用一个模块来发展他们微软办公(文字处理等)的基本IT技能。作为PPT工作的一部分,我试图帮助他们提高翻译技能、演讲技能,特别是小组工作技能。他们得到一些相关链接和资料来制作PPT。学生分组工作,每组3~5人来进行小组展示。我对他们的工作评价基于三个方面:内容、IT技能、小组工作证据。他们必须使用网络平台来进行在线交流和分配工作。小组是由不能经常定时碰面的学生组成,由于时间冲突,他们必须共享和发展在线工作形式。

对于每个人的测评,因个人对于小组展示做出的贡献不同而不同,但如果小组不能提供证据,证明他们相互支持和鼓励,那么整个小组也将同样会受到惩罚。技术可作为分享小组工作、观点和证据的支持者。而其实际优势还包括可以帮助小组成员在某些限制条件下工作(如人可以不见面)。技术的可行性甚至可以支持小组成员在从早到晚的任何时间工作。

生态学小组工作和模拟实验

我们使用虚拟设备、在线平台和一个叫"模拟生活"的软件来模拟生态场景,例如,猎食者和猎物的关系与全球气候变暖的影响。学生分为3~5人的小组,获得工作的生态场景。他们用软件来调查,所有必需的道具、记录和资源都通过在线平台提供。几个小组面对同样的场景,这样他们可以与其他小组进行比较。学生在线合作、分享想法,利用论坛来讨论他们的工作和成果。该模拟实验运行了三周,他们可以在任何时间运行它。我使用在线平台来每周登录一小时,这样学生可以与我交流。相比现实方式,一周直接节省了两个小时的教学时间。

学生在课程结束时完成一个小组报告,当然在模拟实验开始时,他们也要写一个行动计划。行动计划由其他小组匿名评分,这样有助于小组重新定位他们的计划。小组报告里同样有一个互相评价的组成部分,每个小组成员评价其他成员的贡献,并匿名打分和评价,打分和评价都在网上操作。

在教与学课程中运用虚拟设备"Merlin"

有些虚拟设备,如网络链接技术和在线平台,突出的是内容传输的方式,我们现在正使用一种叫"Merlin"的虚拟设备,它基于学生在学习中互动的重要性,这一点符合我们课程以学生为核心的教学理念,并且似乎与更高级别的课程尤为相关,比如研究生认证。

"Merlin"的优势在于不仅支持课程小组向网络传送资料,还支持教师使用学习路径,为学生建立起需要完成的学习阶段,并使用电子文件夹为每个学生的工作建立个人空间。每年我们大约有50个学生,但是通过虚拟空间可以使几个小组一起工作,我们称之为学习集。学习集中的学生可以通过"Merlin"提供的讨论空间共同工作,以补充或取代面对面的会议。

学习路径灵活性

学习路径的每个阶段都分别是一个指导性的学习方向,有一系列任务要完成,包括阅读、总结、讨论、评价、分析、综合等。一些任务是在"Merlin"之外完成的(如阅读可能包括链接到网址),而其他的则由"Merlin"来主导(如讨论和互相评价工作)。我们可以较灵活地选择小组如何工作,比如,一年2~3次运行某个阶段,或者当参与者积累到可行的6个人时,小组再运行。其好处关键在于学生可以根据他们自身的进度来安排学习(在一定限度内),他们可以与不是大学的成员一起工作,而这些成员在几次讨论中以虚拟的形式与他们会面。

互相运用文件夹进行评估

在某个特定阶段,我们会要求学生写一篇简短的文章,总结他们的观点。学生将该文章保存在个人文件夹中,并与课程教师分享,从而证明他们完成了要求。过了期限,课程教师会请各位参与者使用"Merlin"来与三名指定参与者共享他们的工作,并对文件夹项目中别人共享给他们的内容进行评价,这样每位参与者将不仅收到有关他们自身工作的评价,同样也看到了别人的工作,并有机会就别人的观点和想法进行互动。

医药学科中基于问题的在线学习

这是一种在大学环境下能够支持医药学科基于问题学习的小组同步工作的虚拟设备。传统上,基于问题的学习支持7~8人的小组在教室,使用教育资源的一个数据库来推动他们完成一个有大约40个场景的为期两年的基于问题的学习课程。虚拟设备通过每周向学生提供场景来开展基于问题的学习。对每个场景提供在线访问、适当相关的基础医学学科信息、临床数据、病人照片和X光片等数据的设计,以帮助学生解决面临的问题,并达到每个场景的学习目标。尽管在线访问信息的这种方法加快了基于问题的学习的进程,但也不排除学生使用更多传统数据资源,像图书馆或者教师咨询等。

扩展阅读

[1] Chin, P. (2003) *Using C&IT to Support Teaching*, London: RoutledgeFalmer.

[2] Elwyn, G., Greehalgh, T. and Macfarlane, F. (2001) *Groups: A Guide to Small Group Work in healthcare, Management, Education and Research*, Oxford: Radcliffe Medical Press.

[3] Ryan, S., Freeman, H., Scott, B. and Patel, D. (2000) *The Virtual University: The Internet and Resource-Based Learning*, London: Kogan Page.

[4] Tansley, C. and Bryson, C. (2000) "Virtual Seminars -a viable substitute for traditional approaches?', *Innovations in Education and Training International* 27(4): 323-335.

有用的网址

1. http://www.albion.com/netiquette/
2. http://rapid.lboro.ac.uk/
3. http://www.Fastrak-consulting.co.uk/tactix/

第九章 联合组和工作坊

导言

本章目标就是在大型教学项目（例如，联合组、工作坊和隔离日）中，讨论小组教学课程的总体组织、排列和设计。本章将向大家介绍适用于一个更大型的框架的多种小组教学技能，并通过举例向大家展示从一门学科到另一门学科的课程计划是如何变化的。

联合组

在传统的小组教学中，通常有一个指导教师，但也有没有指导教师的情况，如联合组。尽管联合组在建立时需要周密地组织和推动，但一旦被实施起来，就不需要强大干预，而且可以完成特定目标。联合组通常是指一群学生被分为5～6人的若干个小组，在自我导向和合作的模式下完成特定任务。该模式包括阅读、讨论和写作安排等。这些活动发生在常规时间安排的课时中，可以取代讲座。联合组可以完成不同任务，并在集体课程部分提交他们的发现。指导教师的角色就是协调这个过程，确保小组在"处理任务"，并在课程结束时，确保所有学生都可以达到适宜的目标。本章列举了一些有关联合组的组织和内容的案例。

工作坊

工作坊是小组教学课程的延伸，通常要进行一个早上、一个下午或一整天，源于一系列特定的目标，并要求主动参与。工作坊将一系列关联的小组教学活动植入一个总体课程框架，并确保参与者对整个过程感到舒适，使所有参与者觉得自己投入到了用处多多、相互关联和充满刺激的活动中，使其感到学习在不同程度上得以满足。工作坊的结构和活动应该经过精心策划、调配和管理。在实际管理中，应安排合适数量及大小的房间、足够的休息、饮料的供应等，可以在计划时使用马斯洛需求模型（见表 2.1）和本书前面提到的一些方法。下面，我们介绍一下一般工作坊的框架。

准备

参与者应清楚地理解已准备的工作坊资料中有关工作坊性质和既定目标的说明。如有必要，应给予所需准备的提示，包括阅读有关文件、思考一组特定事项、准备一个小型的演讲等。

出席

参与者应被告知有关时间和地点的准确信息。报到地点应从各方向进行标明。抵达后，参与者应该得到一些信息资料，包括课程资料、参考书目、时间计划表、房间地图、房间号和名牌。在此阶段，参与者应有非正式见面的机会。

概览

工作坊一般从一次全体会议开始，以明确该工作坊的目标和结果。主要发言人要在全体会议上简短介绍工作坊的活动，包括集体课程、课间休息和其他生活信息等。

分组

有一些将大组划分为小组的技术在这个阶段可以使用(可参见第四章)。

介绍和破冰

如果在分组进程中没有包括自我介绍的环节,那么分好组后,就应该伴随着破冰活动启用自我介绍这个环节了。这个活动由小组教学指导者来协调,指导者可以是补充进来的,也可以来自小组内部。

小组教学活动

选择哪种形式的小组教学活动应和设定目标相关,这在第四章曾讨论过,更详细的活动将在以下部分进行描述。小组教学活动的目标应该是所有小组成员保持其各自学习风格(Hongey,1982)和团队风格(Belbin,1993),并积极投入活动。指导者要给予清晰的指示、时间安排和目标,并应有效管理实践,以便所有的小组得以协调。

休息

课间休息是工作坊最重要的特征之一,在此参与者可以放松一下,也可以私下交流或上网。因此,有必要安排好充足的时间和适量的饮料供应,确保满足个人食物和饮料选择的偏好。

集体会议

集体会议可以用于工作坊的开始阶段,也可以用于结束工作坊的工作时。大多数工作坊会有集体会议阶段,或者由特定个人做报告,或者就小组教学结果进行讨论。要控制好集体会议的时间,否则主动学习的环境中就会出现说教式的长篇大论。

评价

正如所有形式的教学都应该受到评价一样，工作坊结束时也要做一下某种形式的问卷评价。问卷可以与课程资料一同分发，或在全体成员到会前先行分发到位置上。参与者有时未必愿意填完这些问卷，因此，问卷要设计得尽量简短，以便参与者都能在结束时快速填写完。

联合组和工作坊设计举例

本部分将描述和评价五种联合组（或工作坊）设计方案。
- 商业研究领域的案例学习工作坊。
- 数学解题班。
- 教育学联合组。
- 全科医师就基于问题的学习开展的工作坊：形成、调整、规范和改革。
- 院系办公室发展的 SWOT 分析。

大家最好关注一下所有情况，因为不同的课程计划会提出一些不同的要点。

商业研究领域的案例学习工作坊

背景

"战略规划"课程每周都有一次讲座和讨论会，在讲座结束时，教师会提供给学生两个简短的案例供他们研究，包括对两家不同公司是如何运作的说明，每周由两对学生轮流负责讨论会的开场。

开展讨论会的目的是想通过诠释分析或案例学习，将理论框架应用于实际的商业案例中，同时推动学生进一步发展口头表达和小组工作技巧。

讨论会由约 16 名学生参与，讨论室很小，中央有一个不便移动的大桌子。

讨论会时间表

14：00 教师欢迎学生的到来，通过简要课程描述和手册来介绍主题。教师确认在座所有学生都有今天案例学习所需的所有资料（它们是在上次讲座时免费发的复印件，或者某些学院更倾向于学生通过网络自行下载）。

14：05 请之前被要求做准备的一对学生简要总结第一个案例的学习（关于 A 公司），并说出其与本周主题相关的三个特征（比如，公司在做战略决策时内部流程是怎样的）。

14：10 第二对学生重复以上过程，并提交第二个案例（关于 B 公司）的关键特征。教师表达对学生所做工作的感谢，如有必要，谨慎地更正出现的错误或误导性的评价。

14：15 教师根据案例和学生的演讲为班级设置问题，这种形式每周都会有变化，但是这次教师组织的是一次"辩论"。

辩论

介绍任务：半数学生坐在桌子左侧支持 A 公司，另一半学生坐在右侧支持 B 公司。

14：20 学生做辩论准备，支持 A 公司的学生需要列出 A 公司的优势和 B 公司的劣势，反之亦然。要做到这一点，教师需要先安排学生讨论案例资料，请其中一人记录重要观点。

14：35 辩论由教师来主持，先请支持 A 公司的学生陈述 A 公司的优点，在此阶段教师也可以提出一些增加的知识点。然后由支持 B 公司的学生对他们看到的 A 公司发展过程中的缺点进行评价。如果学生之间有争议，可以开展辩论。

14：45 对 B 公司重复上述过程。

14：55 教师总结战略规划过程中的一些重要特征，并告诉学生在教材中的哪里可以参考到更多有关该主题的内容。

15：00 辩论会结束。

评价

两名学生被安排负责提交案例学习介绍。从安全角度上来说，如果一个学生没来上课,那么还能有另外一个作保证。辩论会的辩论环节可以简化为讨论两个公司的优缺点,或者利用两个公司的案例,提炼出一个做出最佳战略规划的标杆。

数学解题班

背景

30名学生参加一个一小时的解题班,这将作为他们物理学大学毕业课程的一部分。该解题班从周三上午11:00开始,教室里摆着一些小桌,每桌有4~5个学生坐在一起工作。

学生得到题目纸,包括5道题目,先前的课上曾要求他们把前两道题目作为家庭作业完成,并把答案带回来。

设定题目

前2道题目是比较浅显的,基本上是测试学生是否已理解前一次课上所运用的方法。此次上课前,已经要求学生在家完成这2道题目,这有助于学生重新阅读他们的笔记和课本,以便回到课堂后可以在一个更好的知识环境下来应对更复杂、更难以解决的问题。后面的3道题目,学生必须在课上合作完成,这是3道相关联的问题,增加了复杂性和难度。

教师希望学生在课堂上合作、互助,以解决更多难度更大的问题。教师也希望班里所有人都能够回答1~4题,一部分小组可以设法解出最后一道题,这道题对于班里大多数学生来说是具有挑战性的。教师设置问题的方式应是学生都明白的,教师希望有效提升那些基础较好的学生的能力,同时也支持那些基础较弱的学生。

课程时间表

11:00　教师简短介绍设定的题目,并重申所有人应把目标定在能较好地完成前4道题目。如果还有时间,大家应该努力解出第5道题目。

11:05　教师提问班级是否对题目1和题目2有任何困难,教师用投影仪播放这两道题目的解题过程,然后让学生与邻座同学交换作业并互相打分。

11：15　学生取回自己的作业看是否有错,或是否有不恰当理解(如有不恰当的理解,教师将花时间在课上对学生进行个别辅导)。

11：20　教师安排全班一起开始做第 3 题,并提醒每个在座的学生要理解解题的每个步骤。

11：35　教师请小组轮流解决第 3 题的各个部分,让学生在黑板前做出解答。之后教师再次巡视班级,以确定所有人都可以顺利进入第 4 题了。

11：40　教师请学生以自己的进度在接下来的 15 分钟内尽量完成第 4 题,有些小组可能会完成得比别的小组快。

11：55　教师给每个组分发最后两道题目的解题复印件,请学生将自己的方法与标准答案进行比较,并且有简短的提问机会。

12：00　上课结束,如果还有学生想补充交流一下课程内容,可以等第二天在教师的"办公时间"或"咨询时间"去拜访。

评价

　　由于学生的能力不尽相同,因此题目的设置就要尽可能支持所有学生,同时,还要确保基础薄弱的学生的信心没有被最后两道题目摧毁。在此,教师需要对学生的不同需求有敏锐的洞察能力,并在小桌前多加回应和提问。

　　对整个过程的设计就是要给小组工作和合作解题尽可能多的时间,并减少教师正式解题陈述的时间。这将要求教师有主动推动的技巧,因为有些学生可能就期待着教师在黑板前将所有题目的答案都列出来。

教育学联合组

背景

　　班级有 40 名学生,教室宽敞,椅子可移动。学生最近完成了他们在一所学校的第一次实习活动。这次两个小时的联合组的工作就是对上次实习的回顾,其目的在于使学生建立自信,并使他们能够在课堂上分享各自的经验。组里的学生太多,以至于无法运行起整个班级的讨论,因此,相应的策略就是开展联合组实践,以鼓励更多的学生主动参与。

时间表

10:00 教师欢迎大家,并介绍课程学习成果,列示如下。
在这次活动结束时学生应该能够:
- 反馈与班级教师共事的经历,以便准备、组织和促成文化课的讨论。
- 将自己的观察和实践与课上讨论过的先前课程设计的理论知识相联系。
- 提出有关促进讨论的问题并关注。

10:05 教师要求学生一对对地反馈进入学校一周后的一件令人激动的事和一件令人沮丧的事。

10:10 教师收集好5个令人激动或沮丧的案例,将其通过活动板展示给大家,表明这是大家共同关心的,以帮助大家建立起信心。

10:15 教师简要概述课程设计中的教育学理论,并将其与计划的某个特定学习课程相关联。教师推荐一个文化课程计划的案例,因为这对于所有学生将是具有普遍意义的。

10:30 教师要求学生每个对子加入其他对子中去(滚雪球),并将他们的"实践"经历与理论进行比对。四人小组相互交谈5分钟,然后教师要求小组向全体汇报。教室中部分学生需要思考一个使理论与实践看起来比较契合的例子,而另一部分学生则要找出一个说明理论与实践不相吻合的例子。

10:40 教师请每组中一位学生汇报,教师尝试回应这位学生所提出的要点。教师也会尽力去评论为什么理论和实践会有不同之处。

10:50 教师说明学生该如何共同合作,以提出和回应源于工作入职所产生的问题。核心的部分是"如何在文化课期间主持一场有意义的与学生之间的讨论"。

任务

教师给每个4人的小组发一些报事帖,请每位学生写下至少一个提问,每张帖子写一个问题,当然如果他们想问更多也可以多写些。

11:00　小组将其报事帖贴到活动板纸的区域,小组间互相交换活动板纸,他们试图互相回答对方的问题,或者给出可能的答案。各小组接下来开始安排,如有必要,将问题按照一般主题进行归类,然后在活动板纸上的每张报事帖周围写下"可能的答案"。

11:15　小组交换活动板纸到原提问小组,阅读那些建议和想法,并继续对针对他们自己的提问写下他们自己的反馈。

11:25　每个小组把他们的活动板放在墙上,并邀请学生移动这些板,看看其他的提问和回答,活动结束后,教师鼓励学生记下与其相关的任何问题和回答。

结束

11:30　教师放映关于课程学习结果的幻灯片,让学生看看自己是否达到了这些结果。教师对学生努力地工作和讨论表示感谢。

评价

此联合组选择的方法强调了分享经验和建立信心的重要性。理论和实践的整合在此得到讨论,教师对此的投入得以与课程的其他部分相关联,比如讲座和在线讨论。学生得以在"回答自己的问题"中扮演重要角色,他们使用解决问题和评价的技巧,但这些都是在教师的支持和指导帮助之下完成的。

教师在课上有几种角色:信息提供者、指导者和监督者,他们检查学生是否在做工作,控制上课时间。监督者这个角色对于对付那些话多和反馈过多的小组学生来说是个挑战。

全科医师就基于问题的学习开展的工作坊：形成、调整、规范和改革

背景

这个工作坊的重点在于将基于问题的学习的概念介绍给一批全科医师培训员，目标在于鼓励他们将其作为一种学习技术用于受训的全科医师。

时间表

9：00　工作坊开始于集体大会，介绍小组会面原因、会面目的和接下来的总体安排。

9：20　教师在20分钟内用PPT陈述基于问题的学习方法的合理性及其实质。

9：40　用一个15分钟的有关基于问题的学习课程的录音来举例说明基于问题的学习方法的主要特征。

9：55　15分钟的提问。

10：10　课间休息。

10：30　形成：在还是大组的时候就做好第一次工作坊活动的解释工作，让参与者知道自己要做的事和要实现的目标，确保大家对此没有疑义，时间范围也已知晓。参与者每10人被分为一组，共4组。每组选出一个协调员，带着活动板在小组内穿梭工作。每个小组开始自己的破冰和自我介绍活动，协调员这时可以扮演主持人的角色，确保各小组都处在各自的任务之中。

10：45　调整：一旦协调员组织小组成员通过开展头脑风暴和讨论的形式，对全科医师训练中关于基于问题的学习法的发展、实施和评价的可行性进行了讨论后，成员会感到豁然开朗。协调员将这次活动的结果记录在活动板上。在此过程中，工作坊的主要指导者依次访问每个小组，以确保任务被正确执行，同时指导各个小组要控制好时间。

11：30　规范：头脑风暴和讨论的结果被重新归纳为结论或建议。由于此项活动的结果需要分享给其他小组，因此需

要准备一块活动板或投影仪来展示和呈现。
12：00　改革：经过由主要指导者的提问和引导的大讨论后，各个小组提交了他们的结论。共识得以达成。
13：00　午餐。
14：00　构建基于问题的学习场景的展示，提供案例样板。
14：45　小组活动：使用一种适当的方法形成5个具有新的小组协调员的8人小组（参第四章）。经简单的介绍之后，便开始进行集中的伴有预期学习目标的基于问题的学习场景的活动。
15：45　下午茶。
16：00　小组提交基于问题的学习的场景。
16：50　全体大讨论。
17：15　结束和评价。指导者回顾工作坊的目标，并总结小组活动的主要成果。

院系办公室发展的 SWOT 分析

背景

院系办公室包括16个行政的、秘书的和学术上的成员。由于学生数量和类型在近些年有所增加，院系办公室的工作越来越紧张，并且院系办公室的工作人员产生了一种担心，就是他们是否还能为教师和学生提供他们应该提供的服务。开展这次活动的目的在于，通过使用院系办公室的经验来重塑目标，并发展新的工作实践，从而使院系办公室对目标群体的服务更有效率。

时间表

9：00　由指导者做介绍，并说明院系办公室所面临的问题。
9：15　所有院系办公室成员被分成两组，每组8人，在同一个房间工作，接下来开始破冰活动。
9：30　指导者提议大家可思考将原有的工作方法做一些变动。院系办公室成员被给予机会来思考并讨论新的工作思路，接下来大家对所提新思路和新想法开展SWOT分析。

9：40	小组内对相关问题进行优势和劣势分析（每组 30 分钟）。小组在一张活动板上记录结果，指导者在两组间穿梭，帮其形成想法，并专注于所明确的问题和任务。
10：40	咖啡时间。
11：00	小组内对相关问题进行机会与威胁分析（每组 30 分钟）。小组在一张活动板纸上记录结果，指导者在两组间穿梭，帮其形成想法，并专注于所明确的问题和任务。
12：00	小组讨论。指导者协助小组发现要处理的主要问题，利用小组的优势来最大化目前的机遇，产生建议改善的优先序列表和一个发展战略。
13：00	结束。

隔离日

隔离日是另一种特殊类型的小组教学工作坊，它离开了正常的工作环境。这么做是想尽量减少来自电话、邮件和其他干扰带来的分心。这样参与者可以更稳定地专注于特定的事件和问题。通过改变环境变量，小组成员可以以不同方式共事，探索新观点，鼓励创造性思维和建立新的小组关系。隔离日使得参与者可以社交性地待在一起，也可以通过各种小组教学方法在正式和非正式条件下工作。

隔离日需要以早就设计好的方式来组织、构建和推进，但是安排起来可能会更有弹性。而环境因素则扮演更重要的角色，比如鼓励小组成员一起工作时，在"建立团队"练习中，可能还包括执行肢体性的户外任务。在蜂组（像蜜蜂一样说话，形象说话声音很多）中，人们三三两两互相讨论问题，不用再拘泥于在一个房间，可以坐在一棵树下讨论问题，或去乡间小道散步的同时进行讨论。

隔离日尤其适用于团队的发展和重新审视，参与者可能会问自己："我们现在在哪？""我们的方向在哪？""我们如何到达目的地？"以及"在路上什么能帮助我们？什么会阻碍我们？"等问题。

 扩展阅读

Moon, J. (2001) *Short Courses and Workshops*, London: Kogan Page.

第十章 小组教学中学生的多样性

导言

在小组教学中,教师要负责选择适用于班级所有学生的恰当的学习模式。当前世界上的大学比以前任何时候都提供了容纳更大群体的机会。来自不同国家和拥有不同教育文化背景的学生加入了小组教学课程中。对于如何在指导会上基于问题开展班级工作,学生有各种不同的期盼。有些学生期待的可能是教师以讲座的形式进行授课,他们很少对教师的话进行质疑和挑战,因为他们并没有经历过正式的合作式学习。

教师必须通过为课程建立"安全"的环境,来使所有学生都能够提出与课程相关的问题,不管他们的性别、宗教或文化是怎样的。课程资料、资源必须能让所有人容易获得,教学环境也最好是适合所有人的。本章我们提出一些需要考虑的重要问题和对小组教学教师调整教学方法的一些建议,以确保他们的课程能让所有学生都学有所获。

本章特别关注小组教学中下列学生的需求:
- 在多学科和混合能力小组中的学生;
- 国际学生和英语不是母语的学生;
- 成人学生(或进修学生)以及新生(比如通过升学和基础学位计划进入继续教育和高等教育的学生);
- 力所不能及的学生(比如认读困难、有听力或视力缺陷的学生)。

同时，本章也关注要指导一个混合程度相当高的小组的教师的需求，以及如何让一个由因先前学习和经历、文化传统、能力和课堂表达信心不同而导致起点不同的学生组成的班级互动起来。

支持学生在多学科和混合小组中工作

对很多小组教师来说，他们所经历的现实是他们指导的小组混合着很多不同经历、不同能力和不同学科专业的学生。虽然多数小组都是混合性的，但是有一些小组混合程度更大。这可能正是课程设计的一个重要特征。比如，在工程学跨学科小组中，项目向学生提供跨工程学专业界限的经历，以应对他们毕业即将面临的现实中的招聘；对于理疗学学生来说，他们的部分课程结合了医学或社会工作计划，同样是为了模拟他们即将进入的工作环境。

在一些学科中，课程准入要求的变化对多样性做出了贡献。在商学学位中，一年级学生有的可能已学习过经济学，并达到了A级水平，而其他人可能在开始读大学课程前，还没学过这门学科。在物理学科中，一年级学生的数学背景也不尽相同，而现代语言学学生的语言技能则可能从最低级到十分流利之间的各种程度都有。

一些学科和课程对于成人学生（或进修学生）更有吸引力。比如，社会工作项目吸引了很多成人，他们有多样的相关工作经验，可能因为之前没有高等教育学习的经历，所以他们又回到了大学课堂。

不论经历和能力的多样性是有意设计的，还是外因导致的，其对教师的影响却是实实在在的。在有一部分学生更有知识、信心和相关经验的一个小组中，很难创造一个全体学生都积极分享的环境。

要向所有学生做出解释和设计学习任务是困难的。教师需敏感地意识到小组成员的需求，尝试去了解和支持不同学生对小组做出的不同程度的贡献。以下我们介绍几种实用方法，教师可以试着达到一种平衡。

差异中获益

在讨论课或解题课上，有时候有意地安排混合型班级是有益的。

因为这样可以邀请有更高理解水平和更多经验的学生分享他们的知识和经验,并且和初等水平的学生一起工作。在这种情况下,教师可以直接鼓励小组成员互相帮助。要想顺利地做到这一点,教师需要分别站在这两类学生的角度去考虑问题。如果经验较多的学生(作为"学生教师")并不感到可以从向同伴作解释和对自身理解力的考查中获得裨益,那么便需要教师加以强调。如果被"学生教师"指导的学生并不觉得得到了帮助,那么"学生导师"的贡献则需要一些时间和在课上其他地方加以关注。对于不同的课程,这种情况可能正好颠倒一下。

差异同样增强了辩论或讨论的丰富性。如果学生被要求从他们各自不同的角度来做出贡献(比如,将有更多实践经验和有纯粹学术立场的人的观点相混合),那么整体所得到的价值会更多。然而,教师应该觉察到学生(和学生教师)或许不会把基于实践观察的贡献看得和基于阅读或学术活动的贡献一样大的可能性。

小组成员在"状态"和"信心"上可能都会有差异,这是来自医学和护理学跨学科小组教学教师的发现。教师要求护理学学生和医学学生在临床案例中合作,从而使他们能更好地领悟在对病人的照看中各自的位置。做某种程度上的紧密交流是有益的,比如请护理学和医学专业学生相互反馈,可以避免只听到一种声音占主导地位的现象。

在同类小组中工作

为了让学生在特定课题或事项上工作得更有深度和更细致,教师可能会在小组教学课上组建专业研究小组或基于学科的分支小组。

进展性任务

不论是数量型还是质量型的小组教学班,对推进学习任务和活动的进度都是很有用的。在学习数学时,可以把题目设定为初级、中级和高级三个层次,让学生尽最大努力在分配时间内完成问题。学生可以选择他们的起点,比如允许更有能力和经验的学生从一个较高的起点开始工作。采用小组自我选择和评价的方法在最初成立小组时是十分有用的。此时参与者的学习任务就是向一个小组的同伴们做一个简短的、被录像的教学展示。参与者被要求在教室里排成一排,然后根据他们的自信心和表现出的经验来确定自己的顺序。他们被要求与邻近的人组建小组,进而共享类似的自评。指导教师接下来就可以修正他的方法,确定投入、反馈和指导定位,以便能更好地满足有经验的和自信的展示者,并鼓励支持那些有些焦虑和刚开始涉足展示的学生。

小组以这种方式达到和谐:鼓励经验较少的小组成员放松地去提问和提出关注;有经验的小组成员则可以以适当的进度和水平来满足他们自身的需求。

支持国际学生和母语不是英语的学生

如今的大学课堂是真正的全球化了,教师需要努力适应、支持并受益于小组教学课堂的多样化和跨学科属性。

对于国际学生来说,如果想要在课堂上充当一个全程主动的角色,就增添了用英语工作的复杂性。英语有很大的词汇量,拼写经常不同于发音,不同国家的人的语腔语调变化很多。

国际学生与本土学生一样个性化,但从世界同一区域过来的学生所面临的情况似乎有相似之处。非母语使用者面临的特殊困难也会雷同。

有些学生在阅读和写作上更有能力和信心。比如,我们观察到,来自中国的学生写作技巧更强,而其口语技巧却并不理想;而有的学生口语好,但写作(尤其是写"学术英语")会遇到更多问题。很多非母语使用者需要更多时间阅读文献和在课堂上完成任务和练习,一些国际学生在讨论课上显得较缺乏信心。这可能不仅是语言困难的障碍,更有可能是文化间的差异。在有些国家,教师的上课方式很说教,师生间相互交流和对话的机会很少,甚至全无。

相反,对于经历着重视口语传统,并且教师强烈地鼓励辩论和陈述观点的教育文化的学生则可能会更有信心,甚至比其他学生强势,更具有主导性,比如美国学生经常在课堂上表现得自信满满。

教师该做什么

教师有三种方法可以用于国际学生:

- 推荐：推荐学生去某个大学特别支持部门，比如语言中心或海外学生部。
- 一对一支持：教师可以与个别学生一起工作，并给予特别支持，比如给予写作反馈。在一些大学，常常由"语言顾问"来执行这个角色。
- 适应性教学：教师可以不断发展和改革教学方法，这样会对班上的国际学生的学习产生积极的影响（当然对本国学生可能也一样）。

在此，我们关注第三种方法，我们可以从来自伦敦经济学语言中心的尼尔·纳克林（Neil Naclean）那里得到建议和指导，也可以从来自伦敦经济学语言中心国际关系学院的乔迪·范科非斯（Jordi Vaquer-Fanes）那里得到更多的建议。

对于教师来说，在安排由国际学生和母语为非英语的学生参加的小组教学课时，有四种潜在的问题需要考虑。

尽可能地清晰

尽量表达清晰意味着教师需要比平时说得更大声、更缓慢和更简短。在选择语言和术语时要时常小心，尽量避免使用学术语言、缩略语或行话，这可能对所有学生有益，尤其是母语为非英语的学生。教师要尽量组织和构思解释，并避免离题和胡扯一些不必要的逸事和故事。当提及某个特定的人物或一个重要的出处时，教师可以在黑板或活动板上写下相关名字或详细信息。教师也可以选择向学生分发简要的讲义来向他们提供信息，使他们可以在课堂上参考和加注。之前讨论的教学策略（第四章和第六章）的目的在于，请学生当着全体成员展示前给予学生"舒适"的思考和准备时间，这对于母语为非英语的学生特别有用。

检查学生是否理解教师的意思

要检验学生是否跟得上课程进度和是否理解教师的讲解的最好方法就是设计渐进任务或练习，请学生运用他们对新知识的理解去完成这些任务。当然这也并非总是合适的。有时可以选择让学生分为每两人小组，教师先就某一问题给予解释，然后让一个学生向同伴重述或再解释一遍,或者检查他的同伴对于解释要点的提示和结论。教师也可以通过给两人小组或迷你小组一个简短的问卷或设定要解决的问题,来敏锐地测试他们的理解情况。有些教师请学生帮他们在黑板上写下上课结束时的小结,以此来检验学生是否理解了核心要点。

鼓励学生参与并有效交流

敏锐地发觉察到国际学生感受到的潜在障碍和不安全感,并尝试创造一个就算是错了也没关系的课堂环境,将特别有助于小组中那些不够自信的发言者。在设计和实施班级练习时,有必要计划好在学生发言前,给予学生思考和计划的时间。复杂的任务应该写在分发的材料里。在课上和课后作业中,增加的反馈信息可能特别有用。不建议小组教学教师成为语言教师,但是他们可以帮助或引导学生寻求某些资源(比如,学习技巧信息网站、语言支持和评价标准),并强化学科内发展语言技能的必要性。

确保学生相互理解

在拥有多种文化的课堂上,英语以各种方式说出来,口音范围会很广。教师可能会担心有些学生跟不上课程进度,也无法理解他的同伴所做的贡献。鼓励学生大声发言,以便让所有人听见,并组织小组讨论,这样每次只有一人发言,这些是显而易见却又很重要的观点。另外,在黑板上写下比较难的词语、名字、参考信息等,这对学生的帮助也很大。在支持一个遇到困难的发言者时,耐心并坚持让他说完话是很重要的。如果某些学生对于在小组面前发言明显不安,不要使他们恐慌,不要在所有人面前直接抛出问题让他们回答。轻轻地鼓励,向组对学生抛出问题,并对于害羞或缺乏自信的学生所做出的贡献和努力给予鼓励和肯定。

如果学生的发言不明了,教师可以以澄清或提问的方式将论点重述给学生,以确保他们理解(比如"如果我理解得正确,你的意思是……")。教师和学生共同做出对主题观点的清晰总结很有用,尤其是当辩论很复杂,而有些观点又很难被跟进时。教师对于满足国际学生和母语为非英语的学生的多样需求的精心思考似乎能使小组教学中的所有学生受益。

支持成人学生（或进修学生）和新生

成人学生指那些超过 21 岁进入大学受教育的人。英国政府拥有一项扩大参与计划，欲使更多的青年人接受高等教育。作为该计划的一部分，英国政府支持了多种成人接受高等教育的通道，以此来鼓励更大比例、更具有代表性的人群进入到高等教育中（Higher Education Funding Council for England，2001）。比如，英国政府在 2001 年 9 月引入的基础学位计划就不再仅仅是针对传统高等教育学生的。

基础学位

英国教育部通过投入 500 万英镑激励合作者，来支持经核准的发展基础学位的计划。资金由高校基金委员会分配。基础学位是需要两年完成的准学位资质。很多基础学位由当地继续教育和高等教育组织合作者颁发，原因是他们可以为更多人进入高等教育提供教育空间。

作为激励的结果，基础学位和更长期的扩大参与计划，已经使得更多非传统学生进入了高等教育，同时也打破了人们期望的模式。他们可能是他们家族中第一位上大学的人；他们也可能在早期学校考试中表现很差，对自身能力和潜力很没信心。

需要考虑到的"新生"小组的问题是存在不自信、不同的期望和"差异化"的感觉。这些感觉可以与成人学生一同分享。然而，很明显地，两个群体有很大差异。成人学生似乎有更广阔的生活和工作经验可以依赖，很多成人学生也有更复杂的家庭责任需要管理和担当。

请原谅这里的老生常谈。在此讨论的是总体趋势，而不是特定学生的需求。我们并不想轻率地将个体学生的需求加以归类，而是想加强新教师对今天大学中学生多样性的意识。

在哪些方面成人学生会与其他学生不同？

成人学生在学习的关注点和方法上不同于其他学生。小组教学教师需要特别关注成人学生表现出来的特征，比如，罗伯特（Roberts，1994）描述了被指导者一些负面的行为，这些行为阻碍了合作学习，对教师也造成了很大麻烦。成人学生的一种特殊的表现是过于热情,他们往往有很高的期待和广泛的兴趣,就是没有时间,他们对自身的要求又很高。这样的学生可能有更长期的目标,但对于即将到来的任务却较缺乏准备。还有一点也与成人学生极为相关——他们离开正式教育一段时间后选择回来学习,似乎有了更为谨慎周密考虑的动机和与大学课程相联系的目标。

很多成人学生可能在生活中的其他方面拥有较高的地位(Falchikov,2001)。他们可能已经身为母亲或父亲,操持家庭;他们可能有各种过去的和现在的雇用他人的经历,在相关的群体中处于掌权地位。而在一个小组教学课程中,教师可能要求他们进入一个完全不同的学生角色,比如,角色表演、展示或向下一位学生学习,这些活动展示了与他们自身所处的完全不同的等级地位和权力关系,一些成人学生可能觉得很难协调这种与以往状态的不一致性。

有家庭的成人学生可能对所有要负担的矛盾性需求感到沮丧,他们可能羡慕年轻学生只需要考虑他们自己,他们可能觉得学校教师对他们其他的负担和责任熟视无睹。

由于他们的新生活、关系和兴趣而可能造成他们与同伴、家庭和朋友的关系有些紧张。有些进修的成人学生还依稀带着从前不好的教育回忆,他们可能会怀疑他们的学术能力;那些通过通关课程进入高等教育的人获得过很多支持,他们可能会发现大学课程过于正式,而觉得学生与教师存在有距离。

(哈德斯菲尔德大学咨询服务,http://www.hud.ac.uk/stu_svc/counselling/dif_students.htm)

支持成人学生(或进修学生)的方法

小组教学教师有时可能很年轻,在很多方面还没他/她班上的成人学生(或进修学生)经历丰富。然而,成人学生(或进修学生)返回大学后却需要同一些年轻教师一起学习和研究专业知识和专业技能。

成人学生(或进修学生)由于拥有更多的工作和生活经历,体现在课程的某些领域中,可能会显得很有能力。然而,可能他已经很长时间没有写过论文或在班级辩论课上进行过学术讨论了,因此,教师不应对成人学生(或进修学生)在开始时表现出来的混乱水平感到惊讶。比如,在同成人学生(或进修学生)的讨论中,教师需要提供基本学习技巧建议和指导以及论文写作的技巧,而同样对于这个学生,教师也会要求其回答很复杂和精心策划的问题。

为避免"感受到威胁",并受益于班上的成人学生(或进修学生),新教师应该:

- 对自身的知识、技能和能力有信心。
- 认识和评价成人学生(或进修学生)的经历。
- 敏锐意识并感知到成人学生(或进修学生)面临的外部压力(比如在分配工作伙伴时)。
- 了解成人学生(或进修学生)的长期目标和动机,强化其满足作业期限的要求和短期任务的达成。

有关"成人教育学"的提示

诺尔斯[Knowles,1990(1973)]发展了一套作用于成人学生(或进修学生)的成人学习理论或叫"成人教育学"(与教育学相对立)。核心问题是:成人学生(或进修学生)需要知道他们为何需要学习这些东西,这个问题很重要,需要弄得十分清楚。经验学习、基于问题的学习是成功的关键。对于"成人教育学"来说,认为成人学生(或进修学生)可以自我指导并对自己负责这一点很关键。要知道更多关于教育学和"成人教育学"的比较,请见克鲁斯(Cross,1981、1999)和菲尔阙科弗(Falchikov,2001)的相关著作。

来自"成人教育学"的原则:

- 成人需要参与到他们的指导计划和评价中去。
- 成功的经验或以往的教训为学习活动提供了一定的基础。
- 成人学生(或进修学生)对与其工作或个人生活有即时关联性的学科学习很感兴趣。
- 成人学生(或进修学生)的学习以问题为核心,而不是源于内容。

一些高等院校为了吸引不断增多的成人学生(或进修学生)加入高等教育,对于他们在特定条件下需要的支持加大了投入。顾问咨询服务现在对于成人学生(或进修学生)开放,这对于管理工作负荷和学习技能的指导特别有益。如果小组教学教师发现组中成人学生(或进修学生)在大学生活中有一定困难,或者处理工作时需要寻求额外帮助,就会建议他们向相关部门和大学服务处寻求帮助。

向参加研讨会的成人学生(或进修学生)提出的建议

- 不要指望别人先说:教师可能有赖你来推动进展。
- 你过去的经验和学习能使研讨会变得更丰富,因此如果相关就利用它。
- 如果你担心说得太多而影响其他组员发言,那就与教师讨论下这个问题,不要沉默。
- 只要你尊重别人的观点并平等地加入他们,他们是不会把你看成异类的。
- 即使你没时间准备一次讨论会,也不要错过它:你还是可以做出贡献的。

(Lucinda Becker)

在很多小组中,有很多成人学生(或进修学生)可以给课上讨论和辩论带来更加丰富的观点或想法,他们额外的"生活经验"对整个小组来说是有价值的资源,敏锐的教师可以利用这一点。教师应认识并依赖成人学生(或进修学生)之前的学习和经验,因为他们的表现能给小组教学增添很大的价值。

支持残疾学生

英国 1995 年的"残疾歧视法"(The Disability Discrimination Act,DDA)2001 年根据"特殊教育需求与残疾法"(The Special Educational Needs and Disability Act,SENDA)进行了修订,并从 2002 年 9 月起开始实施。自此,在英国教育和相关服务提供者对残疾人的歧视行为成为非法行为。英国残疾人权利委员会(The Disability Rights Commission,DRC)是一个独立组织,积极致力于提供残疾人权利指导和好的雇佣机会。以下是根据英国残疾人权利委员会提供的准确信息所得出的建议。

法律地位

在法律上,大学有以下行动责任:
- 雇佣全职和兼职的教学员工;
- 聘请外部和访问的讲演者及其他人。

然而,个别教职员工也会因为歧视残疾人的不合法行为而担负一定责任。

该法案对残疾人进行了广泛定义,期望机构和组织采取合理行动鉴别出残疾人:
- 物理或运动受控;
- 视觉和听觉受损;
- 诵读和实践障碍;
- 医学上的状况;
- 精神健康困扰。

有两种情形教师可能在歧视残疾学生:
- 对他们不像对别人那样"欢迎";
- 无法做出一个"合理调整",相比于其他学生,由于他们无能力,他们处在一个"相对不利"的地位。

该法案适用于面向学生的所有活动和教师组织,比如:
- 所有教与学,包括小组教学、讲座、实验工作、实习、换专业等;
- 电子化学习、远距离学习和教学资源;
- 考试和评价;
- 学习资源,包括图书馆、计算机设施等。

从小组教学教师的观点来看,主要焦点在于要预先做出对教学、学习和评价方法的合理调整,以使所有学生都可获得该学习经历。

确切地说,将根据学生需要、课程的要求和学术标准、组织资源和调整的现实性(包括对其他学生的影响)进行合理调整。总体来说,一个合理的调整可能是有助于减轻主要劣势的任何行为,比如:
- 改变组织程序;
- 调整课程、电子或其他资料或修改教学方式;
- 增加额外的服务,如手语翻译、盲文材料、大字体材料等;
- 增强意识,并训练教师与残疾人一同工作;
- 对物理环境进行调整。

"预期"调整意味着大学(和教师)应考虑残疾学生将来可能需要怎样的调整,并提前做好准备。英国高等教育质量保证机构(QAA)的残疾人实施细则建议了如下一系列的调整:

第10条:推行各项举措应考虑到残疾人,如有不合适之处,就该进行调整,以适应个人需求。

应组织安排以确保所有学校教师和技术成员:

- 计划和运用的教学策略尽可能使项目传达到全体。
- 知道并理解他们教的任何残疾学生所需要的学习提示,并负责回复学生。
- 个性化调整传达方式,以适应特殊学生的需求。

(QAA,1999)

残疾人权利委员会为学生和组织提供了一种非正式调和异议的调解服务。如果双方都不同意调解或调解失败,学生或申请者可以向法院起诉。

保密

学校要采取合理的方式找到残疾学生。一旦学校意识到一个学生有残疾,不论是明显(比如可见)还是学生公开了,学校都有不得歧视的责任。值得记住的是,如果一个学生告知了他的教师他有残疾,从法律的角度看,就相当于学生已经告知了学校。

根据《数据保护法案》或者《残疾人歧视法案》,学生有权对自己的残疾情况保密。然而,一些课程可能有特别的健康和安全要求,这意味着残疾学生为了他们自身和他人的安全要公开某些残疾。

教师:做出合理调整

个人需求

如果教师意识到班上有残疾学生,要争取尽早与他们谈话,以了解他们的需求。尽量不要对他们的残疾做总体臆测:学生对自己的状况比谁都清楚。与学生讨论他们的需求,来更好地理解他们的处境,并询问他们教师应如何支持他们的学习,帮助其充分参与到课堂学习中来。

如果教师想知道更多有关某种残疾的情况,或想更好地理解某种残疾的状况,表 10.1 中有一个网站信息清单,可能会有所帮助。

表 10.1　特定残疾和支持组织信息的额外资源

组　　织	网　　站
肌痛性脑炎或慢性疲劳症候群行动组织(Action for M. E.)	http://www.afme.org.uk
癫痫症行动组织(Epilepsy Action)	https://www.epilepsy.org.uk
精神健康基金(Mental Health Foundation)	https://www.mentalhealth.org.uk
为了更好的精神健康(For better mental health, MIND)	https://www.mind.org.uk
全国自闭症协会(National Autistic Society)	http://www.autism.org.uk
在线幼儿孤独症综合信息资源(Online Asperger's Syndrome Information Resources, OASIS)	http://www.aspergersyndronme.org
皇家聋哑人研究所(Royal National Institute for the Deaf)	https://www.actiononbearingloss.org.uk
皇家盲人研究所(Royal National Institute for the Blind)	http://www.rnib.org.uk
国家残疾学生局(SKILL: National Bureau for Students with Disabilities)	http://www.skill.org.uk
患有自闭症和阿斯伯格综合症的大学生(University Students with Autism and Asperger's Syndrome)	http://www.users.dircon.co.uk/~cns/index.html

预期调整

教师可以通过对讨论会、问题课上的教学实践做适当调整,来确保残疾学生并非处于主要劣势。

■ 教室位置安排和课程时间安排考虑到要满足残疾学生的需要了吗?(实物的便捷获得、灯光和听觉是可以考虑的相关问题。)
- 教师在说话,尤其在使用 PPT 演示或在写板书时,是否面朝前方?
- 教师是否提前提供讲义或以在线的形式提供讲义?
- 教师是否使用话筒或允许班级录音,如果这样可以对学生有帮助?
- 教师是否为失明的学生口述所展示的视觉性材料?
- 对于有交流障碍或因其他原因感到演示很困难的学生,教师是否在他们准备时给予帮助?
- 教师是否能确保在辩论和讨论的每一个时间点只有一个人发言?

调整小组工作

在小组教学中,有时需要对小组工作做些调整,以确保有能力缺陷的学生可以充分贡献自己的力量,并受益于小组学习。
- 残疾学生是否获得支持,以确保所有小组成员可以充分参与到小组中?
- 教师是否与小组讨论可能源于小组多样性的任何实际困难,并确保有适当的调整?
- 当做小组工作评价时,是否做出了相关调整,以确保每个学生的贡献都能被衡量?即便对学习成果的衡量和评价要另当别论。

学习资源和在线指导

学习资源的可访问性对于所有学生都是必需的,因此,学习资源和学习设施的设计和分配需要考虑所有学生的需求。
- 音像和视频资料是否配有字幕、翻译或文字记录?
- 纸质资料是否提供提前阅读?或是否附有盲文、大字体或网络版本?
- 书目是否提前充分提供,以便学生获得录音文件或盲文文本?
- 电子资料完全可访问到吗?使用那些辅助技术(比如屏幕阅读软件)可以访问到吗?
- 虚拟学习环境的布局和结构是否适合有诵读障碍或视力缺陷的学生?

- 声音剪辑有选择性文本或字幕吗？
- 软件允许学生以自己的速度进行学习或休息吗？

（摘自英国残疾人权利委员会指南）

正面影响

在今天的大学中，开展小组教学的班级很有可能是由混合多样的学生群体组成的。那些为满足个体学生需求（不论是他们有语言困难还是其他残疾等）而努力的教师经常会发现他们的努力得到了双倍回馈，因为他们在教学中做出的改变往往对其他学生也有一个正面的影响。

做好课前准备，在上课前让学生自行从网上下载资料对每个人都有帮助。清晰的语言和周密的展示也是一样。使用教学技巧，给学生"舒适的"思考时间，并鼓励所有人参与，这些举措可以支持那些有交流困难的学生，更能促成全体学生的参与质量的提高。

建议教师自发支援明显难以面对新组同学的学生，邀请他们与新组同学一同工作，从而极大地提高他们在小组教学课程中工作的效率。

总结性评价

学生多样性通常对教师来说是个问题，很多文章都将其标示为有待解决的"困难"和"问题"。正如我们在本章所述，指导小组教学课上混合的学生群体有更多的事情要考虑，但同时这也为教学和学生的讨论增添了丰富的资源。让具有不同生活阅历、背景、信仰和期待的人加入进来，能拓宽和深化讨论，并极大地丰富所有参与者（包括教师）的学习经历。对所有教师的挑战就是使其益处多于困难，同时为所有来上课的学生提供一个友好的激励性的环境。

扩展阅读

[1] HEFCE (2001) *Strategies for Widening Participation in Higher Education*, Guide 01/30, http://www.Hefce.ac.uk/pubs/Hefce/2001/01_36.htm(accessed 9 June 2003).

[2] QAA (1999) *Code of Practice for the Assurance of Academic Quality and Standards in Higer Education: Students with Disabilities*, http://www.qaa.ac.uk/public/COP/COPswd/contents.htm (accessed 12 June 2003).

[3] Waterfield, J. and West, B. (2002) *SENDA Compliance in Higher Education*, South West Academic Network for Disability Support (SWANDS), University of Plymouth and HEFCE.

有用的网址

1. http://www.plymouth.ac.uk
2. http://www.dmu.ac.uk
3. http://www.kingston.ac.uk
4. http://www.niace.org.uk
5. http://www.lifelonglearning.co.uk

第十一章 评价小组教学课程中学生的工作

导言

对于学生及其工作的评价是一个庞大的课题。那种将"帮助学生学习"(教与学的方法)和"检查他们是否学到"(评价)分隔开来的做法明显是错误的,在课程设计中是没有任何帮助的。在小组教学中考虑评价时,很多评价的内在"关键问题"是相互联系的。评价的目的是什么?评价是数值型的(比如以分数和等级来划分)还是形式化的(比如给予学生建设性的反馈)?哪些方面的知识、技能和态度发展可以进行评价或应该进行评价?哪些方法可以使评价可信、有效和公平,同时从教师的角度看来又是可管理、有资源和有效果的?

本章我们将带领大家了解最常见的与小组教学有关的评价形式(见表11.1),并给出它们如何在各种学科教学中被运用的实例。

表11.1 与小组教学有关的常见评价形式

工作模式	可能的评价方法	谁来评价
书面工作	小项目,布置作业,论文等	教师,同伴,学生本人
为班级讨论和班级工作做贡献	准备笔记,记录观察,反馈日志,贡献记录等	教师,同伴,学生本人
报告和口头交流技巧	在班级做简短报告,并接受提问	教师,同伴,学生本人

续表

工作模式	可能的评价方法	谁来评价
小组或团队工作	小组项目或小组报告	教师,同伴,学生本人
个人学术专业持续发展	代表作品,反思日志,重大事件日志	教师,学生本人

〔更多信息请参考海内斯(Haines,2004)的讨论评价学生写作的实战经验以及有关课程评价的基础内容〕

评价者:教师、同伴和学生本人

表11.1提出了与小组教学有关的常见评价形式,可以把自我评价和同伴之间的互相评价作为过程的一部分。很多教师发觉在研讨会或讨论会上使用正式的自我评价或同伴之间的互相评价对于学习有很大的帮助。将学生自身置入评价者的角色,由他们判断自身和同伴的工作质量,能增加他们对评价标准的理解。从一位评价者的角度来观察工作的优势和劣势,常常能看得更清楚。

好的、正式的评价措施比任何其他形式的教育创新更能增加学习成果。

(Knight,2002)

伯德等(Boud et al.,2001)给出了在支持同伴学习时,设计评价策略要考虑的六个方面(见表11.2),伯德(Boud,1995)在他的论文中,讨论了与课程学习成果相一致的评价措施,比如鼓励学生学习教师想要他们学的知识的措施。

表11.2 支持同伴学习的评价设计

要考虑的方面	涉及的点
关注学习成果	关注核心学习成果,无论是知识获取、技能,还是自我发展
整体设计	关注对学习者经历的整体评价,寻求整合互相学习评价,以对抗小组教学评价被其他课程的评价形式边缘化或取代的趋势
对学生学习的影响	评价是否鼓励使用有深度、有意义的方法去学习

续表

要考虑的方面	涉及的点
对于终身学习的贡献	评价是否鼓励学生从自主和依赖朝着相互依赖和专业化方向发展；评价是否衡量终身学习和专业发展
使用恰当的语言	关于评估方法和评估标准要沟通好，要让大家理解，评价的重点为了反馈和发展，而不是等级评比和竞赛
促进批判性反思	小组教学鼓励批判性反思和清晰的自我表达技巧。评价应不减少这些益处，并鼓励互相交流以及积极给予反馈和接受反馈

并不完美的权衡

如果教师用学生独立获取知识的能力来评价他们，他们就会缺乏在课堂上和同伴一起工作的动力。因此，教师应朝着希望学生发展的方向设计评价，并且公开赞扬互相学习和小组教学活动。如果意图评价它，就对评价的内容进行沟通，这样学生才会对此有回应。

这可能是听起来有点悲观的方法，却能使学生用教师对评价方式的选择来帮助他们优化和管理他们的工作。因此，如果教师真的看重小组教学发展的技能和合作式工作，就应在评价设计时这么做。

那就是说，要衡量一个学生在小组教学中发展的每一项复杂技能并非总是容易或成本有效的。要精确评价一个过程比评价一个结果难多了。很多大学都有个要求，就是任何一个过程（例如，学生口述报告），都应由超过一个评价者来判断，以增加评价的可信度。教师可能同样希望将学生报告录下来，这样可由外部课程考官再审查一遍，以监督和检查评价的标准，但这样增加了评价的成本。

当教师试图评价一个过程时，他们可能会努力确保所做的评价是有效的。但是，通常教师最终评价的却是每个学生所花费的时间和精力或为小组的最终产品贡献了多少。这两种衡量其实并没有评价小组工作。有些学生为小组工作付出的时间精力可能不是最多的，但其为小组做出的贡献却是巨大的；还有的学生可能几乎靠他自己来完成了小组的全部工作。所以需要更复杂的评价方法来切实评价小组工作和合作技巧以及团队合作。有时几乎不可能发展一种评价方法，达到让教师和学生都感到值得信赖、有效而且便于管理的效果。要做高风险和高价值的总结

性评价,其复杂性使得教师和学生需要付出更多的投入。

很多模块或课程设计者发现他们给小组教学中合作学习的评价赋予了相对小的比重。课程设计者总是设法使评价的益处最大化,难度最小化。教师可以通过以分数和考试结果的形式对小组教学结果进行评价(为了鼓励学生充分参与小组教学),但又不能让这种评价的比重大到对任何一个学生的个人学位的获得与否有太大影响(因为有可信度、有效性和公平性的担忧)。

这并非一种能让所有人都满意的权衡,迪尔英报告(1997)着重于关键技能的发展,可能需要课程设计者重新审视他们的方法。具体来说,就是课程设计者需要找到一种更合适的方法来增加小组教学活动中合作工作及认知和关键技能发展的比重。

评价小组教学活动中的学生表现

在小组教学活动中,对学生表现进行评价可以从以下五个方面进行考虑:
- 评价学生的书面作业;
- 评价学生对班级讨论和班级工作的贡献程度;
- 评价学生的课堂展示和口头交流技能;
- 评价学生的小组工作;
- 评价学生持续性的个人、学术和专业发展。

评价学生的书面作业

这是一个对其自身内容来说过于宏大的课题,因此而成为另一本书的主题(Haines,2004)。海内斯(Hains)提出了公正评分、处理大型课程的评价、对付抄袭以及给予学生建议性反馈等方面的指导。此处不做详细介绍。

评价学生对班级讨论和班级工作的贡献程度

以下是来自历史系的学生提供的例子(10%的分数是基于出勤和

对讨论会的贡献）：

出勤和对讨论会贡献的评价指标包括：讨论参与、知识深度、辩论逻辑和表达清晰度，每位学生都要提交给讨论会的论文的质量也被纳入考虑之中。

上述课程信息十分典型，可以看出贡献的评价比重很小，而评价标准也很难完全清楚表达。

希望学生对于课堂工作和讨论做出积极的贡献是因为这样做可以：
- 鼓励所有人做课前准备；
- 鼓励所有人发展交流技巧；
- 鼓励通过课堂互动来加深和拓宽讨论和学习；
- 不鼓励"搭便车的人"。

然而，评价学生对课堂工作的贡献也有几个缺点：
- 评价可能阻碍了讨论；
- 学生觉得上课更有压力；
- 学生易受一些无法控制的外部因素的不良影响；
- 文化、背景、性别和语言差异可能会阻碍一部分学生的充分参与。

来自教师的观点：
- 对班级讨论的"贡献"可能很难得到可靠和客观的评价；
- 很难制定出清楚的、易执行的评价标准；
- 评价增添了教师的责任和角色，况且教师本身就有很多要考虑的东西。

课程信息举例

在政治课中评价学生对指导会的贡献

在政治课中评价学生对指导会的贡献，需要考虑两个重要因素：准备的质量；每周贡献的相关性以及出席是否按规律。例如，一次无理由缺席将使一次贡献总评从出色（优秀级别）降到良好，三次无理由缺席可将评价减至勉强及格水平。很明显，如果不出席将对指导会无贡献。同样，也别指望没说几句话的人会被认同为对指导会有贡献。

（如果有无法参与或无法做出有效贡献的其他原因，应方便时尽早在私下向教师提出。）

上例很清楚地要求学生在其有合理原因而难以为指导会讨论发挥作用时,要及时通知他的教师。及时发现因有困难而无法为讨论会做出贡献的学生很重要,否则可能会做出对其课程工作的不当评价。

一些可选择的方法

正如前文所述,教师往往想通过评价学生对小组教学课程的贡献程度来鼓励学生在小组教学课程中发挥作用和努力工作,但评价贡献程度很难做到公平和有较高的可信度。因此,教师经常给予这类评价较低的权重。以下是一些鼓励学生出勤并投入课堂中来可供选择的策略。

- 建立结构性的记录,以便学生使用自我评价来监督自身在课堂工作和/或讨论中的参与度,让学生对自己的贡献打分,并发现优缺点,这有助于鼓励他们发现自身贡献和参与的价值。班级会通过讨论"如何做有用的贡献?"或"如何让每个人都参与到课堂中来"来推进这个策略的实施。这也关系到之前讨论过的基本规则的发展。
- 对于某些活动,教师会强制性地要求学生出席,出勤率至少达到 80% 是进入最终评定的前提要求,比如,模块结束的考试。
- 与从普遍意义上(因其难以把握)去评价"贡献程度"或"参与程度"相比,通过要求学生完成某个任务或一系列任务,教师可以更顺利地在课堂上进行评价。任务可以是主持部分讨论或做一次演讲(见以下部分"学生的报告和口头交流技能")。
- 要求学生在上课前提交或用电子邮件的形式提交他们的准备笔记或工作案例,如果可以使用 WEBCT 或 Blackboard(或一种类似互联网或是基于互联网的课程支持系统),可以选择让学生将准备的作业发到虚拟课堂讨论板上来。可考虑将这种准备作业的评价与模块课程工作评价相结合,以鼓励学生做好上课的准备工作。

评价学生上课表现的指导

不论使用什么方法来评价一个学生的课堂表现,考虑以下原则是有帮助的:

- 对教师来说更为简单,而对学生来说更为透明的评价表现的方法通常是清晰地定义一项任务,比如:一次十分钟的展示。

- 在模块开始时,便清楚说明评价表现的具体标准。
- 在评价前给学生机会去学习和实践技能,比如,如果打算在评价过程中使用录音,那么在练习阶段也要使用录音。
- 确保评价对于所有小组成员都是公平的,不应区分出女性、不同文化小组、残疾学生及其他。
- 考虑如何使班上其他人也参与进来,比如,让学生用与教师同样的标准来评价或回答演讲者。
- 如果是几名教师同上一门课程的小组教学课,那么这几位教师使用相同的评价方法和评价标准很重要。教师们聚在一起分享经验、想法,并达成共识确实是个好办法。
- 通过向外部检查者和质量复核员提供证据来证明你的评价行为,例如,可以增强可信度的双评分和同事评分、录音证据、学生试卷、PPT演示以及其他实施的证明。

评价学生的课堂展示和口头交流技能

很多小组教学课程要求学生对他们的准备工作做出简短的课堂展示。交流技能的发展在关键技能计划中被予以强调,因为这项技能将来对毕业生就业很重要。因此,大多数课程在学习期间给予学生几次课堂展示和被评价的机会。理想地说,学生的经历应构筑于过去经历的基础上。例如,一个大学二年级学生可能被要求做一个比一年级学生更大、更复杂的、面向更多观众的课堂展示。另外,随着学习要求的不断提高和学习难度的增加,评价标准也由一个层次提高到另一个层次,应同样反映这一进程并促进其进一步发展。例如,对于大学一年级的学生,评价的是他们的语言和清晰表达的能力,以及使用恰当的视觉辅助工具,并组织好他们的言论的能力;而对于三年级学生,可增加对吸引观众的能力、回答提问和在课程网站上公布其总结性言论等方面的能力的评价。

教师通常会要求学生准备在下次课做一个十分钟的课堂展示,并鼓励他们使用音视频辅助工具,如白板、投影仪或PPT演示软件,也鼓励学生通过向同伴发放材料来传达其总结的关键要点、问题和参考明细。学生课堂展示的材料不仅为其同伴制作了一份"有用的文件",也是日后用以评价课堂展示内容的依据。对于课堂展示的评价可以更多地聚焦于课堂展示技巧。这样就明确和简化了评价者的角色,并使互相评价更有吸引力,因为大量研究表明,学生诚实地评价课堂展示技巧的能力与教师相当。

研讨会课堂展示之外:口头交流技能的更广阔视角

在某些学科中,做课堂展示的学生可能同样被要求通过主持班级讨论来跟进他的课堂展示。教师也对评价学生组织讨论的能力感兴趣。

在像医学这样的学科中,教师可能希望评价一个学生通过面谈来采集一个病人的历史信息或者与病人交流一些复杂的信息的能力。

在工程学、建筑学或设计学中,可以评价一个学生与潜在客户讨论出一个清晰诉求,并提出一个有吸引力的方案的能力。

在国际或工业关系专业中,学生能理解谈判的过程和技巧是很重要的。

小组教学学习成果中特定的"交流技巧"可以形成适当的评价标准。一种方法是以考虑评价者想要的交流方式所发生的普遍错误为开始。是什么总让人们出错?做了这些功课,作为交流任务的课堂准备的一部分,可以帮助学生更清楚地看到评价者对他们的期望,并帮助他们理解他们可能从评价者那里得到的反馈。

作为一个范例,医学咨询交流中的普遍错误如下:
- 使用行话术语;
- 缺乏精确性;
- 回避个人问题;
- 无法口头引导;
- 不必要的重复提问;
- 不恰当的提问;
- 缺乏澄清和解释能力;
- 缺乏控制;
- 不够简便;
- 假定只存在一个问题;
- 对谈话时间的管理缺乏技巧。

(Maguire *et al*.,1986;Brown *et al*.,1997)

对沟通中所面临困难的普遍理解,使得发展一种评价工具成为可能。

测评交流、现场实践和过程的一种常用方法是用一张评分表列出

表现重要的各方面和一定的分数等级,来表明学生表现的能力或成就水平。开发评价工具时,需要考虑以下几个重要方面:

- 明确想要学生在表现中所显示的素质(思考这种素质是否比其他的更重要);
- 明确评价标准;
- 写出评价指导,方便记录教师的评判,并反馈给学生。

评价样表举例

表 11.3 和表 11.4 分别是学生课堂展示和口头交流技能的评分单举例。

表 11.3 评价学生课堂展示的评分单举例

评分标准	1	2	3	4	总计
组织	由于信息组织无序,致使观众无法理解演讲	观众听讲有困难,因为有人到处走动	陈述信息有逻辑性,观众可以跟得上	陈述信息富有逻辑性和趣味性,使观众可以跟进	
学科知识	没把握好信息,不能回答相关提问	对信息的把握不顺畅,仅能应对初级提问	可以简单回答所有提问,但无法细化	表现出了充足的知识储备(比要求的要多),能用解释和精湛的回答应对提问	
图片	使用太多的图片或根本无图片	偶尔使用图片,所使用的图片很少能支持到相关内容	使用的图片与文本和内容相关	使用的图片解释和加强了所展示的文本和内容	
技术问题	表述有四个以上拼写错误或语法错误	表述有三处拼写错误或语法错误	表述的拼写和/或语法错误不超过两个	表述没有拼写或语法错误	
眼神交流	读所有文本,无眼神交流	有时使用眼神交流,但仍旧将大部分文本读下来	在大多数时间保持眼神接触,但也频繁回到讲稿	保持眼神交流,很少回到讲稿	

续表

评分标准	1	2	3	4	总计
展示技巧	吞吞吐吐,发音不准确;说得太快,班级后排听众难以跟上	声音低沉,发音不准确,听众听起来有困难	声音清晰,大多数单词发音准确,大多数听众可以听清其表达	使用清楚的声音、标准的发音方式,所有听众都可以听清	
				总 分	

注：这张评分单由北加利福尼亚大学公共指导系的信息技术评价服务中心设计，网址：http://www.ncsu.edu/midlink/rub.pres.html。

表 11.4　学生口头交流技能的评分单举例

姓名：
班级：
日期：

请在下面表格中填写你觉得被评价者对相应标准的契合度，"1"表示低分，"5"表示高分。

标准	1	2	3	4	5
内容					
条理和组织					
创新性					
视觉辅助					
口头技巧					
观众参与度					
时间利用					
宣传物质量					
回答提问					

请务必花时间在活动结束后，给你的同伴一些有帮助的反馈，请反映在评语栏。实际上，在改善他们技巧方面，你对同伴的评语要比评分更能立竿见影，所以请写点特别的和有建设性的意见和建议。

被评价者应继续努力的一件事是：

被评价者应尽量避免的一个问题是：

评语：

评价学生的小组工作

尽管评价形式多种多样,但不管选择哪种评价形式,清楚评价目的都是非常重要的。学生想在小组教学评价课上参与小组活动的原因有很多,比如,给团队合作技能打分,鼓励所有人参与,给小组工作打分。根据核心要点,教师需要对以下决定小组工作评价的四个因素给予回应:

- 评价的是小组工作的成果、小组工作进度还是两者皆而有之(如果是两者都有,那么两者的比例如何)?
- 使用什么标准来评价小组工作的各个方面(谁来决定这些标准——授课者、学生还是两者都有)?
- 谁将运用评价标准,并评定分数(授课者、学生、相互评价或自我评价,或是综合上述)?
- 分数如何分配(共享小组成绩、组平均分、个体评价,或还是综合上述)?

(澳大利亚大学教学委员会)

有以下四种基本评价方法可以用于评价学生的小组工作:
- 个体评价;
- 分配相同成绩;
- 划定成绩比值;
- 团队技能的自我评定。

个体评价

在个体评价中,学生先合作完成一定的活动和学习任务,再进行个人的工作,此时就可以对个体工作进行评价。比如,学生可能将信息收集到一起并讨论结果,随后各自写报告;或者小组成员各自被分配工作,然后由学生个体单独完成团队工作的指定部分。这个策略避免了评定小组分数的困难,却不鼓励真正意义上的合作。如果教师想促进团队工作技能的发展的话,这个方法肯定不合适。但是从团队工作是个人学习的工具这个意义层面上来说,这个方法却是相关的。

分配相同成绩

在分配相同成绩方法中,小组成员共同工作,最后产生一个合作的工作成果(比如一份小组报告或公告),这个成果随即被评价,每个小组成员便可获取同样的小组成绩。该方法的优点是减轻了教师的评分负担,小组为了共同的目标去工作也有了一个强烈的动机。有些教师也运用"现实世界"评论来力证此法,认为学生所在的小组,在将来和在工作的地方,将共同进退,不论是失败还是成功,因此该评价方法是合理的,而专业技能的发展则是该方法的一个特定的学习重点。然而,学生会觉得基础有些薄弱的或未参与的小组成员不公平地从他人的工作中获益,因此,"免费搭便车"现象会带来如何合理评价的问题。这也可能意味着有困难的学生还是与教师保持距离,而得不到他们需要的帮助。

划定成绩比值

在划定成绩比值方法中,学生得到小组的评价分数,但这个分数将根据组员各自对团队的贡献程度得以分配。因此,在团队合作中花了大量心血的学生就会得到高分,或者通过自己高质量的投入使得团队的工作大有不同的学生也会得到较高的分数。

划定成绩比值的机制有很多,学生可能被要求根据他们的贡献程度,使用一份标准的评分卷来做自我评价和评价其他成员,然后以公开或私密的形式提交给教师。教师为每位小组成员整理所有的得分,以算出个人的综合分数,并因此分配成绩。表 11.5 是一个同伴评价成绩表的实例。

全体学生都可以从教师那里得到由其评定的"小组成绩"。小组成绩由每个人基于对小组的贡献度再进行评价。评价由小组内部共同决定。教师通常设置一个最高和最低的限值,一个学生如果做得好于平均贡献可以最多加 5 分,低于平均贡献最多减 5 分,等于平均贡献就可以得到未经修改的小组成绩。

表 11.5　同伴评价成绩表举例

请衡量你和你们团队成员在小组工作不同层面的贡献程度,然后填写在以下评价表中。

以下给出了团队工作的五个方面(标准),请在 0 分(无贡献)到最高 20 分(重要的、杰出的贡献)范围内为组里每位同学打分,在总贡献栏里你可以给出一个总贡献评分。最后请将评价表提交给课程教师,以便其评价每位小组成员的最终成绩。

续表

标准	你自己	成员1	成员2	成员3	成员4
领导力和计划(20%)					
小组支持和管理(20%)					
影响结果(20%)					
解读结果(20%)					
写报告(20%)					
总贡献(100%)					

划定成绩比值策略的影响

划定成绩比值方法可以帮助解决"免费搭便车"问题,学生也觉得这种方法更公平些。然而,其复杂性无疑增加了教师的负担。如果有清晰的标准,而且对所有学生的要求是公正且有证据支持的,那么过程得以加强,而且可以避免偏见以及学生基于个人主观喜好的判断。

值得注意的是,教师反馈说,在大多数情况下,(大约有九成的小组)学生最初会选择互相给相同的分数。如果有组员几乎什么都没做,则会拉低整个小组的分数。小组成员一般会选择容忍,并给小组不同贡献的人同样的分数,因此,这也是个"迟钝"的评价工具。除非其他小组成员已受够某个成员,比如,他从来不参与任何小组会议。

一个可供选择的评价机制是"在团队中发现个人",由教师给每位学生一段口述,帮助他看清每个小组成员对小组贡献的内容和性质。这个方法可以修正5%~10%的小组成绩。然而,如果小组成员很多,这种方法就不适用了,因为会导致工作大量增加。

团队技能的自我评定

有一种截然不同的小组工作评价方法,是基于学生自我评价其技能发展、表现和对小组教学的参与程度来对其进行评价。在此,所有学生将会被要求保存一份个人日志或基于小组活动的日志来自我评价对团队的贡献度,并被鼓励发展交流沟通和团队工作技能。这种正式的发展性评价比完全依赖分数的评价方法感觉上令人舒服多了。此外,也有其他很多合适的方法。

学生可能被要求预先判断他们的团队工作技能,设置自身的发展目标,并据此来测定自己的进步程度。也可以选择让学生记录和描述自己的小组工作经验,并反思自己的优势和劣势。第三种方法,可以要求学生保留个人日记,以便能够在小组工作结束时写出一篇反思式的论文。有一个有用的策略,就是让学生选择和描述小组工作经历的主要事件,并向教师解释从经历中可以学到的东西。

一些教师发觉使用判断和自我感知列表的方法是很有用的。在有效的商业团队分析中,这种方法普遍用来分析和解释学生的小组行为。也许最常用的小组教学背景下的个人差异模型就属"贝尔林(Belblin)的团队角色"了。基于促使团队有效性的研究,贝尔林(Belblin,1993)描述了最有效率的团队中所需要的九种团队角色。表11.6是贝尔林关于每种角色表现特征的简短表述。利用贝尔林的表述,可以帮助学生分析自己与他人共事的方法。

表 11.6 贝尔林描述的团队角色及其特征

团队角色	特　征
实施者	平衡控制,组织者,将想法化为行动,设计稳定的结构并想办法去创建它
资讯员	自由地与社会进行各方面沟通,网络工作者,使得团队与外部世界保持联系
协调组织者	明确目标,设置日程,稳定的指挥者,外向、不好冲突,社会领导者
塑造者	形成团队措施的领导者,有策略、有视角,能快速应对挑战,但也容易沮丧
植入者	高智商,创意性人物,有原创想法的思考者,更有可能是一个不合群者,无法很好地应对指责
监评家	高智商,内向,严肃关注测量,冷静,分析,非原创型,适合进行检查和评价,可能会抑制士气
团队工作者	对于团队和个人的需要最敏感,受欢迎,讨人喜欢,良好沟通者,商议的对象,润滑剂,讨厌对峙
完成者	急切,内向,最后的润色加工者,保持紧张感,对于不精准或随意的方式没有耐心,可能陷入过于细致的泥潭
专业者	高学历学科专家,内向,过分关注某个领域,可能是一个"有自己的原则的人"

学生可能会问自己的问题:
- 我在组里是独具特色的吗?
- 我可以充当哪个角色?

- 我的优点和缺点是什么？
- 我该多大程度地克制自己的某些自然特质以便对团队更有益？
- 在团队中我与谁区别最大？
- 在团队中我与谁最相似？
- 我该如何同别人有效地共事？

学生发现，被要求进行自评并反省自身所在的小组工作的方式是有用的，并且可以使用"共同语言"来详细讨论他们的角色和对团队的贡献。

最后……

不论选择哪种方法评价学生的小组工作，重要的是教师要知道为什么要用此方法评价学生。学生从一开始就应清楚该方法的详细内容，且该方法应具有合理性和外部评价的公正性。

评价学生持续性的个人、学术和专业发展

用于评价个人和专业发展的比较流行的方法是有据可查的文件夹法。文件夹装有汇集的证据，是由个人提交的对于自身的思考反馈，显示了他所取得的特定课程的学习成果。文件夹可以是预先构架好的要求学生提交的资料。比如，对讨论会展示环节的互评以及学生的自评和对工作的思考；或者也可以是由学生自己决定的其他设计方式。对于一些学科来说，可以提交的证据有很多种类，比如，CD-ROMs、连接到网站、录音，等等。

由于很多学生在学校都有保留"学生文件夹"的经历，这些步骤（如收集、关注和提交其进展的证据）其实并不陌生。然而，发展性文件夹的重点是抓住其发展的过程，而不仅仅是最后的结果。发展性文件夹还应该包括还没有大功告成的工作，因而也允许学生讨论从其经历中所学到的东西，下次又该如何不同地应对，他们怎样才能促进自身的发展等问题。

这可能完全不同于学生在申请大学或找工作时表明个人成就和功绩的档案夹，学校或教师有必要向学生解释或与学生讨论这两种文件夹的区别。让发展性文件夹的地位超越纯描述性文件夹，这很重要。避免只做成功的展示，例如，"我在班级里做的是……""……并且

全班觉得我的讲话很伟大";要使其成为一个自我分析进步的工具,例如,"介绍很成功,我感觉我获得了小组的关注,但我并不满意我解释所谓剥夺公平的方式,我能看到我失去了一些同伴的支持……我认为我本该可以使用那块白板……"。

文件夹更深远的运用就是电子或基于网络的文件夹,可以链接或关联电子资源和证据资料,包括教师回复、论文计划、交流、信息页等。这使得文件夹的使用更加灵活,并避免将沉重的 A4 纸从一个地方携带到另一个地方。

给予学生反馈:正式评价

当问任何一位学生"什么对你的学习有帮助?"时,绝大多数学生会说是"获得有帮助的反馈"。这在学生的回答列表中占很大的比重,有效的反馈对在学习中全方位发展和提高技能和理解也十分关键。当然,对于教师来说,它也是耗时和昂贵的,很多教师可能要花费和课上一样的时间来评分和给予反馈。除此之外,教师还要思考:学生是否赞同和欣赏教师做出的评分和评价?教师是否鼓励学生按照做出的反馈尽力行事呢?

反馈并非总有用

对于有些学生来说,分数就是一切。他们可能对于他们工作得到的评价和建议或是教师写的内容只是看一眼。这可能因为涉及的主题对他们来说已经是过去时,因此对于特定主题的反馈也已经失去了相关性;也可能因为学生收到反馈太晚,他们已经完成了工作,并忘记了他们之前所做的,已经进入到了课程的其他部分。学生可能陷入"完成任务"的框架性思维,这种思维通常与一种浅层学习方法相关联(更多学习方法见该系列网站 https://www.routledge.com/education)。因此,学生的原始动机就是把论文写出来,或是完成课堂展示,而不关心是否学到了知识或技能。在这种情况下,教师给的反馈似乎影响很小,甚至将从学生的目标中被移除。有时反馈是以一种消极的方式给出的,传达的方式不太好,以致让学生觉得受挫、尴尬、生气、不理解或愚蠢。学生可能更想赶紧完成工作,而不是细致地回顾并思考下次或许需要换种做法。

有效反馈

只有当学生可以"听到反馈""理解反馈",然后,最为重要的,"按照反馈去改进行动",反馈才会有效。如果学生不去思考反馈,那评价者写给学生的反馈文字就没有了价值。因此,要给予"如何给学生反馈"和"说了什么内容"一样的重视和思考,这一点十分重要。

和学习有关的所有重点都应该放在学生身上,而非教师。因此,重点是反馈的接收者,而不是发出者。当正式评价一个学生的工作时,并不是在执行学术评论,而是在试图帮助学生"下次做得更好"。当给一个学生的口头演讲进行反馈时,并不是在罗列学生的每一项错误,而是在帮助学生树立自信心,当然,可以指出一到两处可以改善之处。

好的反馈是……

及时的

反馈要在工作完成后不久给出。高校通常会做出类似的规定,比如,"所有书面作业必须在两周内批改完并反馈给学生",或"学生做完课堂展示后教师要马上给予口头反馈,并在课程结束时将完整评价表的复印件给报告者"。

有针对性的

评价应清楚地针对学生工作的某个/些方面,能够解释为什么是好的,为什么需要改进等。例如,"展示很好,因为展示者保持了与小组成员间的眼神交流,使用了清楚的视听辅助工具,并利用了一系列恰当的案例"。

个性化的

教师是个体的,学生也是个体的,教师给出的反馈是他/她的个人观点,并明确指向一个教师在一定环境下所了解的学生。教师知道学

生所完成的这项工作该如何与其之前的工作相比较。例如,"我认为你的展示急于得出结论,记得你上次也是这样。所以,是不是该考虑一下时间安排,看看可否比预计的长些"。

有优先性的

为了最大收益,反馈应关注于最重要的观点。认识所教的学生,了解他们的个性、发展程度、关注点以及他们的优势和劣势。对学生来说,这些是最重要的。只要有心,这些是可以做到的。

有建设性的

反馈应该注重改进,教师应尽可能地去调查为什么工作中的有些事情问题很多,而有些却是非常成功的。要说明问题该如何解决,该如何建立和发展长处。例如,"你的论文引用了很多资料,这很好。但有些引用并不体现前后一致性。可以参考一下我们上课用的论文中作者引用期刊文章和书中章节的方法"。

公正的

反馈应有自我辩解力,教师可以解释自己的判断和评语,这些都与学习目标和评价标准相关。这么做关乎公平和一致性,可以避免偏颇。

尊重的

反馈应善意得体,并考虑别人的感受,不应挫伤学生,而应帮助学生在他们的学科领域不断发展和壮大。反馈最好以希望别人对自己说话的方式去对别人说(或写)。

有成长性的

反馈始于学生现有的理解或能力水平,并寻求鼓励他们长远发展。要以他们可以理解的方式说明下一个阶段是怎样的。例如,"你的分析很好。建议思考一下改进的建议,比如对于原有方法或将来学习的建议"。

和正式总体评价相关的

反馈应该结合分数和总体评价,反馈评语应与给分或评分等级相一致。正式的反馈评语应与测量学生技能和贡献方面的最终总结性评语相联系。例如：

你的论文超出了700个左右的单词限定,在考试中你只有三刻钟来写论文,因此言简意赅是很重要的。

综上所述,好的反馈应是鼓舞人心的。

如何给予反馈

就如同说"做得好,继续保持"这样鼓励的话很重要一样,在给予反馈时指出工作中的错误或弱点同样重要。在给予反馈时,教师应尽量平衡正面反馈和负面反馈。开放大学(The Open University)通过以下结构来鼓励教师平衡正面反馈和负面反馈(Banume,1998):

- 始于正面评价,教师通过很多情况,总归会发现在某些方面可以对学生从正面给予表扬和评价。
- 对工作中的特定缺点给予评价,并对学生如何改善或改正缺点予以指导。记住,要优先关注帮助学生克服其工作中的最大问题。
- 以鼓励性总结收尾,给学生归纳值得注意的要点,指出其工作中的优点,以正面鼓励的态度去交流的目的在于,使学生收到的反馈结果能让学生感到有动力去试着改善以后的工作,所以,教师要清晰地指导学生以后该怎么做。

这种结构有时被称作"反馈三明治"。

给予反馈可能是一种更为频繁互动进程中的一部分。例如,给予一位刚做完口头演讲的学生一个口头反馈。在这种情况下,以问学生对自己演讲的看法作为一个开头,这对学生和教师来说都是有帮助的。请学生思考一下,如果再演讲一次的话,可能会做得不一样的地方,以及会保持不变的地方。这是一种鼓励自我反馈和评价的好方法。在实践中,教师很有可能发现学生很愿意批评自己的工作,而更少愿意去发现自己的长处。因此,教师的作用就成了明示其优点,引导其减少自我批评。

口头反馈和书面反馈

如果教师能够面对面地对学生反馈或传达口头反馈,这样有助于使进一步对话成为可能。学生可以要求解释和讨论所提出的要点的含义。教师可以邀请学生重新表述教师说的话,以便检查学生已经理解自己的意思。教师也可以要求学生对于反馈进行反馈:"你同意吗?""你打算怎么做?"

给予口头反馈无疑是有优势的,但是在使用口头反馈时,教师要考虑以下几个方面:

- 学生的自信心:学生得到私下反馈和公开反馈会完全不同地影响他们的行为,合作性的学习环境通常是十分有益的,比如指导会,学生可以从对他们自己的反馈和对其他同学的反馈中学习和分享知识。然而,某些学生可能更喜欢在私下得到更复杂的反馈。
- 学生的忍耐度:如果得到"太多"表扬或"太多"改进的建议,有些学生会觉得非常不舒服。而对于每个学生来说,什么是"太多"又因人而异,也因文化而异。因此,教师需要敏锐地捕捉来自学生的紧张和困扰的肢体语言。
- 学生的误解:任何口头形式的交流都会引起理解或翻译上的误解,将英语作为第二语言的学生在此特别受挫。
- 学生的记忆:所有说过的东西要全部准确记住似乎不太可能。如果一个学生处于焦虑的或愉悦的状态(在做完演讲后),他不一定能够采纳或听取所有的反馈。教师甚至推测学生会有一种"选择性记忆",很容易忘记那些"不怎么好的"反馈中的元素。
- 教师的记忆:教师应该记录下自己给予学生的反馈,以便检查进展和展望发展。但即使在一个小组中,教师要跟踪记录下对谁说了什么也是困难的。一些高校要求教师保存他们给予学生的反馈记录。

正是由于这些原因,给出口头和书面相结合的反馈恐怕才是最有用的反馈形式。

学生自己可以将他们收到的口头反馈做一个书面的记录,并将复印件交给教师。教师则可以在与学生讨论后,制作成"反馈表",作为留底。

这种形式的表格可以按照优势和劣势两大类评价的形式列出(见表11.7),或者使用特殊评价标准和分数,能够使内容更加详尽些(见表11.8)。

表 11.7　给学生的反馈表

总体上我认为你的演讲
非常好　　　　好　　　　　还可以　　　　　比较差　　　　　不合格
我认为做得非常好的三处是：
-
-
-

我觉得需要改进的三处是：
-
-
-

表 11.8　给予口头报告学生的反馈表

请按照以下标题提出建设性的反馈。记住要注明优势和劣势，要富有建设性。

报告的组织和结构：

视听辅助工具的使用：

交流技巧（对声音和肢体语言的运用）：

与观众互动和观众的投入程度：

附加评语：

要求学生相互反馈

安排学生进行相互反馈也非常有效。让学生进行互相反馈时，要确保每个学生都理解有效反馈的实质，因为学生相互之间的感觉是有顾虑和敏感性的。

这种方法最常用于对学生的报告和展示的反馈，学生课堂展示互评表见表 11.9。让学生交换他们的文章或报告并互评也是非常有益的。参加了工作坊的教师指出，如果他们花时间解释为什么他们要请学生相互评价；如果他们对于如何评价工作给予更清晰的指导；如果他们要求学生关注工作的结构和呈现结果,而不是所有信息的质量和精确性,那学生将会得到最大的裨益。

表 11.9 给予学生研讨会主持者或促进者反馈的表格

评价标准	1（非常好）	2	3	4	5（差）
结构清晰程度					
内容恰当性和讨论质量					
口头和非口头交流					
视听辅助工具的使用					
与观众互动和对提问的回复					

综合评价

扩展阅读

[1] Boud, D., Cohen, R. and Sampson, J. (2001) "Peer learning and assessment", in D. Boud, R. Cohen and J. Sampson, *Peer Learning in Higher Education: Learning from and with Each Other*, London: Kogan Page.

[2] Brown, S. (1998) *Peer Assessment in Practice*, SEDA Paper 102, Birmingham: Staff and Educational Development Association.

[3] Doran, S., Durston, C., Fletcher, A. and Longmore, J. (2000), "Assessing students in seminars: an evaluation of current practice", in A. Booth and P. Hyland (eds) *The Practice of University History Teaching*. Manchester: Manchester University Press.

[4] Knight, P. (ed.) (1995) *Assessment for Learning in Higher Education*, London: Kogan Page.

有用的网址

http://www.iml.uts.edu.au/learnteach/groupwork/unit6.html

参考书目

Albanese, M. A. and Mitchell, S. (1993) "Problem-based learning: a review of literature on its outcomes and implementation issues", *Academic Medicine* 68 (1): 52-81.

Annis, L. F. (1983) "The processes and effects of peer tutoring", *Human Learning* 2: 39-47.

Armstrong, R. , Percival, F. and Saunders, D. (1994) *The Simulation and Gaming earbook Volume* 2, London: Kogan Page.

ASTER Project (Assisting Small-group Teaching through Electronic Resources) *Small Group Teaching and C&IT*, http://cti-psy.ork.ac.uk/aster/ (accessed 12 June 2003).

Atherton, J. S. (2002) *Approaches to Study*, *"Deep" and "surface"*, http://www.dmu.ac.uk/~jamesa/learning/deepsurf.htm (accessed 12 June 2003).

Ausubel, D. P. (1968) *Educational Psychology: A Cognitive View*, New York: Holt, Rinehart and Winston.

Bargh, J. A. and Schul, Y. (1980) "On the cognitive benefits of teaching", *Journal of Educational Psychology* 72(5): 593-604.

Barker, P. (2002) "On being an online tutor", *Innovations in Educaiton and Teaching International* 3(1): 3-13.

Barrows H, S, (1986) "A taxonomy of problem-based learning methods", *Medical Education* 20: 481-486.

Barrows, H. S. and Tamblyn, R. M. (1980) *Problem Based Learning: An Approach to Medical Education*, New York: Springer.

Baume, D. (1998) *Marking and Giving Feedback: Practice Guide* 4, H851 Teaching in Higher Education, Institute of Educational Technology, Milton Keynes: The Open University.

Baume, D. and Baume, C. (1996) *Learning to Teaching: Running Tutori-*

als and Seminars-Training Materials for Research Students, Oxford: Oxford Centre for Staff Development.

Becher, T. (1989) *Academic Tribes and Territories, Intellectual Enquiry and the Cultures of Disciplines*, Buckingham: Society for Research into Higher Education and Open University Press.

Belbin, R. M. (1993) *Team Roles at Work*, Oxford: Butterworth-heinemann.

Benner, P. (1984) *From Novice to Expert: Excellence and Power in Clinical Nursing*, London: Addison Wesley.

Berkson, L. (1993) "Problem-based learning: have the expectations been met?" *Academic Medicine* 68(10): S79-S88.

Biggs, J. (1999) *Teaching for Quality Learning in Higher Education*, Buckingham: Society for Research into Higher Education and Open University Press.

Bloom, B. S. (1956, 1964) *Taxonomy of Educational Objectives*, 2 vols, New York: Longmans Green.

Booth, A. (1996) "Assessing group work", in A. Booth and P. Hyland (eds) *History in Higher Education*, Oxford: Blackwell.

Boud, D. (1995) *Enhancing Learning through Self-assessment*, London: Kogan Page.

Boud, D. and Feletti, G. (eds) (1997) *The Challenge of Problem Based Learning*, 2nd edn, London: Kogan Page.

Boud, D., Cohen, R., and Sampson, J. (2001) *Peer Learning in Higher Education: Learning from and with Each Other*, London: Kogan Page.

Bramley, M. (1996) "How to make boring material insteresting", in D. Allan (ed.) *In at the Deep End: First Experiences of University Teaching, Innovation in Higher Education Series*, Lancaster: Lancaster Universtiy.

Brookfield, S. D. (1987) *Developing Critical Thinkers: Challenging Adults to Explore Alternative Ways of Thinking and Acting*, Buckingham: Open University Press.

Brown, G. (2004) *How Students Learn*, http://www.routledgefalmer.com/series/ KGEThe.

Brown, G., Bull, B. and Pendlebury, M. (1997) *Assessing Student Learning in Higher Education*, London and New York: Routledge.

Brown, S. (1998) *Peer Assessment in Practice*, SEDA Paper 102, Birmingham: Staff and Educational Development Association.

Burke, J. (1989) *Competency-Based Education and Training*, London and New York: Falmer.

Buzan, T. (1993) *The Mind Map Book: How to Use Radiant Thinking to Maximise your Brain's Untapped Potential*, London: Penguin.

Calaprice, A. (2000) *The Expanded Quotable Einstein*, Princeton, NJ: Princeton Unviersity Press.

Carin, A. A. and Sund, R. B. (1971) *Developing Questioning Techniques: A Self-concept Approach*, Columbus, OH: Charles E. Merrill.

Chin, P. (2004) *Using C&IT to Support Teaching*, London: Routledge-Falmer.

Clack, G. B. (1994) "Medical graduate evaluate the effectiveness of their education", *Medical Education* 28: 418-431.

Coles, C. (1991) " Is problem-based learning the only way?", in D. Boud and G. Felletti (eds) *The Challenge of Problem-based Learning*, London: Kogan Page.

Cross, K. P. (1981) *Adults as Learners*, San Francisco, CA: Jossey-Bass.

Cross, K. P. (1999) "How to find out whether students are learning what you are teaching", in J. D. Nyquist, R. D. Abbott, D. H. Wulff and J. Spraque (eds) *Preparing the Professiate of Tomorrow to Teach: Selectred Readings in TA Training*, Dubuque, IA: Kendall/Hunt.

Dearing, R. (1997) *Higher Education in the Learning Society*, Reort of the National Committee of Inquiry into Higher Education, London: HMSO.

Dennick, R. and Exley, K. (1998) "Teaching and learning in groups and teams", *Biochemical Education* 26: 111-115.

Dewey, J. (1916) *Democracy and Education*, New York: Macmillan.

Dewey, J. (1938) *Experience and Education*, New York: Macmillan.

Doran, S., Durston, C., Fletcher, A. and Lognmore, J. (2000) "Assessing students in seminars: an evaluation of current practice", in A. Booth and P. Hyland (eds) *The Practice of University History Teaching*, Manchester: Manchester University Press.

Duffy, T. M., Dueber, B. and Hawley, C. L. (1999) "Critical thinking in a distributed environment: a pedagogical base for the design of conferencing systems", in C. J. Bonk and K. S. King (eds) *Electronic Collaborators: Learner-centered Technologies for Literacy, Apprenticeship and Discourse*, Mahwah, NJ: Lawrence Erlbaum.

Elwyn, G., Greenhalgh, T. and Macfarlane, F. (2001) *Groups: A Guide to Small group Work in healthcare, Management, Education and Research*, London: Radecliffe Medical Press.

Engel, C. E. (1991) "Not just a method but a way of learning", in D. Boud and G. Felletti (eds) *The Challenge of Problem-based Learning*, London: Kogan Page.

English National Board (1998) "*Developments in the use of an evidence and/or enquiry based approach in nursing, midwifery and health visiting programmes of education*", http://www.enb.org.uk/evidpub.htm (accessed 12 June 2003).

Entwistle, N., Thompson, S. and Tait, H. (1992) *Guidelines for Promoting Learning in Higher Education*, Edinburgh: Centre for Research on Learning and Instruction University of Edinburgh.

Exley, K. (2001) BEATL Evaluation Report, *Case Study 8, Concrete Images*, Leicester: Department of Architecture, De Montfort University.

Falchikov, N. (2001) *Learning Together: Peer Tutoring in Higher Education*, London: RoutledgeFalmer.

Festinger, L. (1957) *A Theory of Cognitive Dissonance*, Stanford, CA: Stanford University Press.

Fitts, P. and Posner, M. (1967) *Human Performance*, Belmont, CA: Brooks/Cole.

Froebel, F. W. (1886) *The Education of Man*, trans. J. Jarvis, New York: A. Lovell.

George, J. H. and Doto, F. X. (2001) "A simple five-step method for teaching clinical skills", *Family Medicine* 33: 577-578.

Haines, C. (2004) *Assessing Students' Written Work*, London: RoutledgeFalmer.

Hayler, R. and Funnel. M. (1998) "Proctoring for Philosophy students", in J. Dolan and A. J. Casteley (eds) *Students Supporting Students*, SEDA Paper 105, Birmingham: Staff and Educational Development Association.

Herson, J. (1989) *The Facilitators' Handbook*, London: Kogan Page.

Higher Education Funding Council for England (heFCE) (2001) *Strategies for Widening Participation in Higher Education*, Guide 01/30, http://www.hefce.ac.uk/pubs/hefce/2001/01_36.htm (accessed 9 June 2003).

Hoadley, C. M. and Bell, P. (1996) "Web for your head: the designe of digital resources to enhance lifelong learning", *D-LIB Magazine*, September; see also http://sensemaker.stanford.edu/.

Holsbrick-Engels, G. (1994) "Visions of Dutch corporate trainers on role playing", in R. Armstrong, F. Percival and D. Saunders (eds) *The Simulation and Gaming Yearbook Volume 2*, London: Kogan Page.

Honey, P. (1982) *The Manual of Learning Styles*, Maidenhead: Honey and

Mumford.

Jaques, D. (2000) *Learning in Groups: A Handbook for Improving Group Work*, 3rd edn, London: Kogan Page.

Johnson, D. W. and Johnson, R. T. (1985) "The internal dynamics of operative learning groups", in R. Slavin, S. Sharon, s. Kagan, R. hertzLazarowitz, c. Webb and R. Schmuck (eds) *Learning to Cooperate, Cooperation to Learn*, New York and London: Plenum.

Kipling, R. (1912) *Just So Stories for Children*, Garden City, NY: The Country Life Press.

Klemm, W. R. (1998) "Eight ways to get students more engaged in online conferences", http://www.thejournal.com/magazine/vault/A1997A.cfm (accessed 19 October 2003).

Knight, P. (ed.) (1995) *Assessment for Learning in Higher Education*, London: Kogan Page.

Knowles, M. [1990(1973)] *The Adult Learner: A Neglected Species*, Houston, TX: Gulf.

Kolb, D. (1984) *Experiential Learning*, Englewood Cliffs, NJ: Prentice Hall.

Lewin, K. (1952) *Field Theory in Social Science*, London: Tavistock.

Maguire, P., Fairbairn, S. and Fletcher, C. (1986) "Consultation skills of young doctors", *British Medical Journal* 292: 1573-1578.

Malseed, J. (1994) "Forty-eight warm-ups for group work", in R. Armstrong, F. Percival and d. saunders (eds) *The Simulation and Gaming Yearbook Volume 2*, London: Kogan Page.

Maslow, A. (1954) *Motivaion and Personality*, New York: Harper and Brothers.

Maslow, A. (1968) *Towards a Psychology of Being*, New York: Van Nostrand.

Miller, G. E. (1990) "The assessment of clinical skills/competence/performance", *Academci Medicine* 65(9): 563-7.

Moon, J. (2001) *Short Courses and Workshops*, London: Kogan Page.

Newman, M. (2003) "A pilot systematic review and meta-analysis on the effectiveness of Problem Based Learning (PDF)", Middlesex University, http://www.hebes.mdx.ac.uk/teaching/Research/PEPBL/index.htm (accessed 25 July 2003).

Nicholson, T. and Ellis, G. (2000) "Assessing group work to develop collaborative learning", in A. Booth and P. Hyland (eds) *The Practice of*

University History Teaching, Manchester: Manchester University Press.

Norman, G. and Schmidt, H. (1992) "The psychological basis of problem-based learning: a review of the evidence", *Academic Medicine* 67(9): 557-564.

Northedge, A. and the H851/HH851 course team (1998) *Practice Guide* 1: *Teaching in Groups*, OU Series H851 Teaching in he: theory and evidence, Milton Keynes: The Open University.

Osborne, A. F. (1957) *Applied Imagination*, New York: Scribner's.

Phillips, D. C. (2000) "An opinionate account of the constructivist landscape", in D. C. Phillips (ed.) *Constructivism in Education: Opinions and Second Opinions on Convtroversial Issues*, Chicago: University of Chicago Press.

Pinker, S. (2002) *The Blank Slate*, London: Allen Lane Press.

Quality Assurance Agency for Higher Education (QAA) (1999) *Code of Practice for the Assurance of Academic Quality and Standards in Higher Education: Students with Disabilities*, http://www.qaa.ac.uk/public/COP/COPswd/contents.htm (accessed 12 June 2003).

Quinn, F. M. (2000) *Principles and Practice of Nurse Education*, Cheltenham: Nelson Thornes.

Raaheim, K. (1991) "The first examinations at university", in K. Raaheim, J. W ankowski and J. Radford (eds) *helping Students to Learn: Teaching, Counselling, Research*, Buckingham: Society for Research into Higher Education and Open University Press.

Ramsden, P. (1984) "The context of learning in academic departments", in D. Hounsell and N. Entwistle (eds) *The Experience of Learning*, 2nd edn, Edinburgh: Scottish Academic Press.

Roberts, V. C. (1994) *Tutor Resource Manual: Tutoring Students in the Community College*, Virginia, MN: Arrowhead Community Colleges.

Rogers, C. (1983) *Freedom to Learn for the 80s*, Columbus, OH: Charles E. Merrill.

Rousseau, J. J. (1762) Emile, or on Education, trans. A. Bloom, New York: Basic Books.

Ryan, S., Freeman, H., Scott, B. and Patel, D. (2000) *The Virtual University: The Internet and Resource-Based Learning*, London: Kogan Page.

Salmon, G. (1997) "On the line: developing conferencing within a distance learning management education context: traing the tutors", Milton Keynes: Open University, http://oubs.ac.uk/gilly.

Sampson, J. and Cohen, R. (2001) "Strategies for peer learning: some examples", in D. Boud, R. Cohen and J. Sampson (eds) *Peer Learning in High-*

er Education: Learning from and with Each Other, London: Kogan Page.

Savin-Baden, M. (2000) *Problem-based Learning in Higher Education: Untold Stories*, Buckingham: Society for Research into Higher Education and Open University Press.

Schmidt, H. G. (1983) "Problem-based learning: rationale and description", *Medical Education* 17: 11-16.

Schon, D. (1983) *The Reflective Practitioner*, London: Jossey-Bass.

Schon, D. (1987) *Educating the Reflective Practitioner*, London: Jossey-Bass.

Shephard, C. (2003) E-learning's Greatest Hits, Above and Beyond Ltd, UK.

Simpson, J. S. (1996) *The Classification of Educational Objectives: Psychomotor Domain*, Office of Education Project 5-85-104, Urbana, IL: University of Illinois.

Slavin, R., Sharon, S., Kagan, S., hertz-Lazarowitz, R., Webb, C. and Schmuck, R. (eds) (1985) *Learning to Cooperate, Cooperation to Learn*, New York and London: Plenum Press.

Tansley, C. and Bryson, C. (2000) "Virtual seminars: a viable substitute for traditional approaches?", *Innovations in Education and Training International* 27(4): 323-335.

Van Ments, M. (1989) *The Effective Use of Role Play*, London: Kogan Page.

Vernon, D. T. A. and Blake, R. L. (1993) "Does problem-based learning work? A metaanalysis of evaluative research", *Academic Medicine* 69 (7): 550-563.

Walton, H. J. and Matthews, M. B. (1989) "Essentials of problem based learning", *Medical Education* 23: 542-558.

Waterfield, J. and West, B. (2002) *SENDA Compliance in Higher Education*, South West Academic Network for Disability Support (SWANDS), University of Plymouth and HEFCE.

Westberg, J. and Jason, H. (1996) *Fostering Learning in Small Groups: A Practical Guide*, New York: Springer.

Wilkie, K. (2000) "The nature of problem-based learning", in S. Glen and K. Wilkie (eds) *Problem-based Learning in Nursing*, London: Macmillan Press.

World Bank (1993) *World Development Report 1993: Investing in health*, Oxford: Oxford University Press.

World health Organization (WHO) (1993) *Increasing the Relevance of*

Education for health Professionals, Report of a WHO Study Group on Problem Solving Education for health Professionals, Technical Report Series 838, Geneva: WHO.

Zimmer, R. and Alexander, G. (1996) "The Rogerian interface: for open warm empathy in computer-mediated communication", *Innovation in Education and Training International* 33(1): 13-21.

索 引

案例学习 85—56
保密：残疾学生 140
报到地点 117
背景 85
闭合型问题 37—38
辩论：商业研究领域的案例学习工作坊 120
不参与的成员 27
不恰当的沟通 111
不展示的人，学生主导的研讨会 83
布告板 105
"常规"小组 23—24
参与 36—37
残疾人歧视法案 140
残疾人权利委员会 138 140
残疾人实施细则 140
残疾学生 138—143
差异：
 认识上的 24
 文化的 132
成功的条件：
 需求模型 15,117
 监督 21
 人际沟通条件 17—21
 物理条件 15—17
 准备 12—14

成人学习 32,137
持续性支持 10
冲突应对 25—27
传递笔 50
低风险活动 47
迪尔英报告 7,106,148
电子工程，基于问题的学习 79
电子邮件 107
调整 50,125
 全科医师就基于问题的学习开展的工作坊 125—126
多/跨学科小组（混合小组）9,24,130—132
法律事件：残疾学生 138—143
反馈 34
 并非总有用 160
 方法 60—62
 技能掌握 99
 如何给予 163—166
 同伴 87
 样表 165,166
 有效的 161
 反馈的时机 160
反思实践 6
非口头线索的缺失 107
非同步 105

索引

非同步互动和同步互动 109
分配相同成绩 155
风险程度 47—48
蜂组 53—54
负责 6
改革 125
概念化 98
高风险活动 48
隔离日 127
个人发展档案袋 10
个人故事 85—86
个体评价 157
关注过程 3
观察：
 步骤 21—22
 冲突 26
规范 125
滚雪球 54
国际学生 129,132
过于热情 136
合理/预期调整，残疾学生 139,
 141—142
合作学习 81
护理学：
 多学科小组 131
 基于问题的学习 78,79
回复 34—35
回顾 37,73
混合能力/跨学科小组 9,24,130
基本规则 8—19
基础学位 135—136
基于问题的学习：
 不同学科举例 79—80
 定义 66—67
 建立一个课程 76
 教育学合理性 73—76
 课程 67—69

七个步骤 69—73
有效性的证据 78—79
指导者/教师 77
激发兴趣 35—36
激活 50—57
 不同学科举例 63—64
 风险程度 47—48
 更多冒险方法 57—60
 工作坊 117—119
 基于问题的学习 73—76
 评价 148—160
激活先前的学习 20,36,74
及时布告 61
计算机信息技术 101—102
 不同学科举例 112—114
 能力缺陷学生的评价 142
 评价的使用 105,148—160
 潜在问题 107—108
 在线讨论 109—112
 正面效应 82
 支持 102—109
技能：
 自主 99
 履职能力 94—95
 关键 93—94
 教授技能的方法 97—98
 实践 95—96
 转化性 18—19
 发展 3,6—7
技能教学五步模型 99—100
技术依托 107
继续教育和高等教育组织合作者 135
检查理解 36,133—134
减轻焦虑 31,48,57
建构主义 5
建议者/顾问 10,137
交流：

国际学生 129,132—134
技能掌握 99
评价 151—154
文化差异 132
指导者模型 34
角色扮演 57—60,64
教师：
　残疾学生 139—143
　成人学生 135—137
　国际学生 132—134
　角色 8,9
　讨论 84—85
　在线工作 111
　支持 10,130
教授技能的方法 97—100
教育学联合组 122—124
结构学习 13—14,42
结果：
　目标和结果 13,19—20
　转化性的技能成果 18—19
解释 34—35
进展任务 131—132
开放型问题 38
开始 46
课题：
　开启 110
　剔除无用 111
控制 4
口头反馈 163—164
扩大参与计划 135
"临时"小组 23
历史,小组学习的目标 11
历史学/经济史 64
　基于问题的学习 79
　模拟 104
灵活性 113
领导者：

发言人,联合小组 60
主持人,基于问题的学习 69
履职能力 94—95
轮流法 50
马斯洛 15,31,41,117
免费搭便车 156 157
模块化 13
　混合小组 24
　基于问题的学习 67
　课程 13
模拟 60,103,112—113
母语不是英语 129,132—134
目标 3
　不同学科举例 10—11
内化意识的形成 98
内容 3—4
评价：
　常见评价形式 145—146
　计算机信息技术 104
　评价者 146—148
　通过提问 48
　样表 153 154
　正式 162—163
　自我 150,157—159
　工作坊 119
　评价者 146—148
破冰 17—18,118,45—48
七个层级技能的获得 96
情感符 108
情景,基于问题的学习 66—68,75
全科医师就基于问题的学习开展的工作坊 125—126
认识等级 38
认识论 30—31
认知不调 25
任务说明 20—21
日志 88

SWOT 分析 52—53
  院系工作室发展 126—127
商业研究领域的案例学习工作坊 119—121
社会工作,基于问题的学习 79—80
深度学习 17,19,22
生活经验 138
生态学,模拟实验 112—113
失效小组 24—27
什么是基于问题的学习 66—67,76
什么是小组教学 1
时间管理 21
  例子 120—127
视觉化 98
术语和概念 69
数学/数据:
  关键技能 94
  联合组 121—122
  学生教师 54
说明型问题 40
思考时间 41
思维导图 51—52
塔阵 53—54
讨论 5
提示型问题 40
提问 22
  程序 41—43
  问题的分类 37—40
  学生主导的研讨会 85
天文物理学,角色扮演 64
同类小组 131—132
头脑风暴 51
投影仪 61—62
团队工作 9
团队角色 158,159
拓展型问题 40
网络作为资源 104

围圈安排 47
问卷:
  计算机辅助评价 105
  学生主导的研讨会 86
  预测 49
问题小组 24—26
物理:
  角色扮演 64
  联合组和工作坊 118
  小组教学目标 11
戏剧,学生主导的研讨会 88—90
小组穿插 54—55
小组的维度 33
小组动态 22—24
小组积极性 36—37
小组教学的类别 2
小组教学的趋势 82
小组教学的优势 2
小组形式 22—24
  问题、失效 24—27
小组性质 32—34
写作 69,133
写作技巧 132
信任 31,77
信心 132,135,137
行为反馈 6
形成 125—126
休息,工作坊中 118
虚拟网络设备 111
虚拟学习环境 107
  Merlin 113—114
  在线平台 112—113
需求模型 14—15;117
选择题目 51
学监 82—83
  哲学 91
学生演讲 62

学生主导的研讨会 81—82,84
  不同学科举例 88—91
  不展示的人 84—87
  全小组准备 84
  学习交换 87—88
学习：
  过程,基于问题的学习 69—73
  建构主义 5
  交换,学生领导研讨会 87—88
  路径灵活性 113
  目标,基于问题的学习 70—72
  学生为中心的学习 31—32
  专业的态度 29—30
学习的专业化态度 29—30,75—76
学习者的天性 30—31
一对儿：
  低风险活动 47
  学生主导的研讨会 84
医药/医学：
  步骤 68
  多学科小组 130
  基于问题的学习 67,78
  全科医师就基于问题的学习开展的工作坊 125—126
  小组学习的目标 11
  在线 114
音频会议 105
音像 90
应对不积极的小组成员 26—27
应对持批评态度的小组成员 27
应对主导小组的成员 26
英国高等教育质量保障机构 7
英国教育部 135
英国资格与课程局 94
优势、劣势 36
游戏 60—62
有效：

反馈 161
  基于问题的学习 78—79
有效倾听 34
鱼缸法 57
远程学习 101,105—106
在线讨论 109—110
在线指导会 142
哲学,学监课 91
正式评价 160—166
证明型问题 40
支持：
  教师-学生 130—132;135—138
  学生-学生 8—9
支持成人学生的方法 135—138
知识缺口 78
纸片 55—56
指导会：
  基于问题的学习 68
  虚拟 107—109
  学生主导 90
指导者：
  不同小组 43
  定位 16—17
  构建和组织小组教学 42—43
  基于问题的学习 76—77
  技能获得 96—97
  交流技巧 34—35
  角色 12—13,16,17
  联合组和工作坊 116,124
  模式 32—34
  SWOT 分析 52—53
  提问 35—42
指定的危害 60—61
中等风险 47—48
重新定向型 40
主持人,基于问题的学习 73
主动学习 37

专业技能 95
状态问题 131,136
准备：
    工作坊 117
    小组教学 12—14
资源 14
    残疾学生 142—143
    计算机信息技术 103—104

纸片 56
自主学习 72
自我评价 155
自我实现 31
总结 37,43,73,110
总体评价 162—163
综合并提交新信息 73
座位安排 16